キャリアにつながる 法学のポイント

松尾剛行 著

有斐閣

はじめに

　筆者は，法学部を卒業し，弁護士となった後，縁あって 2018 年より大学の法学部で教育に携わってきた。2024 年からはキャリア教育を担当し，その一環としてキャリアにつながる法学入門（キャリア・ファウンデーション：法学入門）の授業も担当している。

　筆者自らが学んだ経験上，また，教える立場から法学部生を見ていて考える，〈法学部生が後悔する主なパターン〉は以下の 10 パターンである。

> ①真面目に授業に出席して頑張ったのに，事例問題の解き方の練習をしていないので，（時間内に）試験問題を解くことができなかった（序章 4(3)参照）
> ②「失敗をしたくない」と考えて日頃質問したり，自分の意見を言ったりすることがなかったが，その結果としてフィードバックを受けられず，試験やレポートで見当違いのことを書いてしまった（序章 4(1)参照）
> ③予習に無限に時間がかかるのに，実力が上がらない（序章 4(1)参照）
> ④法律が苦手だと感じるようになってしまった…（序章 3 参照）
> ⑤学んではみたけれど，法律に興味が持てない…（序章 2 参照）
> ⑥サークル・部活・アルバイトが忙しくて勉強と両立できない…（序章 4(1)参照）
> ⑦テスト範囲が広すぎて手が回らない（序章 4(3)参照）
> ⑧（試験で引かないといけない）六法を引けない（第 1 章 2(1)，第 1 章 3(3)(a)参照）
> ⑨コピー＆ペーストや AI の利用等が悪いことと知らなくてレポートで不正行為と指摘されてしまった（序章 4(2)参照）
> ⑩法学を学んだからといって将来のキャリアにどのようにつながるのかがわからない（序章 2，第 1 章 5 および，第 2 章以下の各章末尾の「○○法と実務とのつながり」参照）

筆者としては1人でも多くの法学を学ぶみなさんにこのような後悔を回避して、「法学部に来てよかった」「法学を学んでよかった」と考えてもらいたい。そして、上記のような後悔の大部分は、法学の入門段階において、①学ぼうとしている法令の全体像を把握することと、②実際に試験で問われ、そしてさらには実務で必要となる内容がどのようなものが見通せること、および、③それに対しどのように取り組めばいいかという法学部での勉強のやり方を理解することによって回避することができると考える。

筆者自身、大学入学当初は法学への取組み方がわからず、大いに戸惑った。しかしその後、結局、今学んでいるのは、「目の前の困っている人をどう救うか」という観点から、具体的な法律を解釈していくということであり、また、実務に出てからもその学びを活かすことができるのだと気がつき、法律の勉強が楽しくなった。

ここで、「目の前の困っている人をどう救うか」というのは、例えば、以下のような事例の被害者の救済を考えるということである。

> 悪い人が「世界を変える重要なビジネスに投資してくれ！」と言葉巧みに被害者を騙し、被害者が多額のお金を投資したが、持ち逃げされた。事情を詳しく調べたところ、黒幕は全く表に出ず、お金のない下っ端が名義上の代表者を務める会社がお金を借りたことになっている。このような状況で、どのように黒幕に責任をとらせればいいか。

これはあくまでも一例であるが、①法学を学び始めるにあたり、各科目の全体像を鳥瞰することによって、今後法学の各科目の授業を受ける際に、「今日の授業で扱うこのテーマは、この科目の全体像のここに位置付けられるものだな」と把握しながら学びを深めることができる。また、②実務（および試験）においてそれぞれの知識がどのような問題の解決に利用されるかを知り、「このテーマを

学ぶことで，今後このような問題を解決できるのだな」と考えることで，より興味を持って学習することができるだろう。そして，③実務（および試験）において解決すべきそれぞれの問題にどのように取り組むべきかを知ることで，「こうすれば試験でも，実務に出ても，学んだ法律知識を活かして問題を解決できる」と，自信を持って前向きに学ぶことができる。

　だからこそ，本書は，①全体像を示すこと，②実務や試験における活用を意識すること，および，③問題解決への取組み方を説明することを意識して，いわゆる基本七法と呼ばれる憲法・民法・刑法・商法（会社法）・民事訴訟法・刑事訴訟法・行政法のポイントを説明している。そこで，本書を読んでいただくことで，1人でも多くの読者に「法学部の後悔」を回避していただきたいと考えている。

　本書は基本七法の「全体像」を示すにとどまっており，各科目の具体的な内容については，各科目の教科書や，授業に譲りたい。そうであっても，本書で学んだ内容が今後読者一人一人の法学部生活を充実させ，ひいては将来のキャリアに活きることを期待している。

2025年3月　　松　尾　剛　行

目 次

序 章　法学を学び始めるにあたって …………………………………1
1　法学部生は何を学ぶのか　*1*
2　法解釈が将来どう役に立つのか　*6*
3　理解の重要性　*18*
4　法学部における勉強の仕方　*26*

第1章　法学のポイント ……………………………………………*41*
1　はじめに　*41*
2　法とは何か　*41*
3　法解釈を行う上での課題　*48*
4　判例入門　*58*
5　法学とキャリア　*62*

第2章　民法入門 ……………………………………………………*70*
1　民法の学習を通じて習得したい事項　*70*
2　民法の基本原則と解釈上の特徴　*73*
3　総　則　*76*
4　物　権　*78*
5　債権総則　*81*
6　契約総則・各論　*85*
7　不法行為等　*89*
8　親族・相続　*90*
9　事例問題の検討手順　*91*
10　民法と実務とのつながり　*93*

第3章　刑法入門 ……………………………………………………*98*
1　刑法の学習を通じて習得したい事項　*98*
2　刑法の基本原則と解釈上の特徴　*99*
3　刑法各論　*100*
4　刑法総論　*105*
5　事例問題の検討手順　*109*
6　刑法と実務とのつながり　*111*

第4章　憲法入門 ……………………………………………………*116*
1　はじめに　*116*

2　憲法の学習を通じて習得したい事項　*117*
　3　統治分野・人権分野を通じて留意すべき事項　*118*
　4　人権分野のポイント　*119*
　5　統治分野のポイント　*130*
　6　事例問題の検討手順　*134*
　7　憲法と実務とのつながり　*137*

第5章　民事訴訟法入門 ················*141*

　1　民事訴訟法の学習を通じて習得したい事項　*141*
　2　民訴法の基本　*143*
　3　具体例を通じて概観する民事訴訟手続　*148*
　4　事例問題の検討手順　*162*
　5　民事訴訟法と実務とのつながり　*163*

第6章　刑事訴訟法入門 ················*167*

　1　刑事訴訟法の学習を通じて習得したい事項　*167*
　2　刑訴法の基本原則と解釈上の特徴　*169*
　3　捜査の流れとポイント　*177*
　4　公判の流れとポイント　*180*
　5　事例問題の検討手順　*181*
　6　刑訴法と実務とのつながり　*182*

第7章　会社法入門 ···················*185*

　1　会社法の学習を通じて習得したい事項　*185*
　2　会社法の基本原則と解釈上の特徴　*185*
　3　利害関係の調整の具体例　*192*
　4　事例問題の検討手順　*195*
　5　会社法と実務とのつながり　*195*

第8章　行政法入門 ···················*200*

　1　行政法の学習を通じて習得したい事項　*200*
　2　行政法の基本原則と解釈上の特徴　*201*
　3　行政法総論　*202*
　4　行政救済法　*211*
　5　事例問題の検討手順　*216*
　6　行政法の実務とのつながり　*216*

おわりに　*219*
索　引　*220*

Column目次

わかりやすい，だけでいいのか？ 39
法学はコツコツ積み上げるものか 68
「法律の文章」の読み方 96
法律書の読み方 115
類型ごとの法律書の特徴 140
法廷傍聴のススメ 165
視点を変えて制度を学ぶ 183
学ぶために経験をしてみる 198
抽象から具体へ，具体から抽象へ 218

本書で用いた略語とその正式名は下記のとおりである。
〈文献〉
井田・刑法総論　井田良『講義刑法学・総論〔第2版〕』（有斐閣，2018年）
井田・刑法各論　井田良『講義刑法学・各論〔第3版〕』（有斐閣，2023年）
伊藤・民訴法　伊藤眞『民事訴訟法〔第8版〕』（有斐閣，2023年）
憲法学読本　安西文雄＝巻美矢紀＝宍戸常寿『憲法学読本〔第4版〕』（有斐閣，2024年）
田中・法学入門　田中成明『法学入門〔第3版〕』（有斐閣，2023年）
長谷部・民訴法　長谷部由起子『民事訴訟法〔第4版〕』（岩波書店，2024年）
山口・刑法　山口厚『刑法〔第4版〕』（有斐閣，2025年）
松尾・キャリアデザイン　松尾剛行『キャリアデザインのための企業法務入門』（有斐閣，2022年）
松尾・キャリアプランニング　松尾剛行『キャリアプランニングのための企業法務弁護士入門』（有斐閣，2023年）
松尾・キャリアエデュケーション　松尾剛行『法学部生のためのキャリアエデュケーション』（有斐閣，2024年）

〈判例〉
最	最高裁判所	地	地方裁判所
判	判決	決	決定
最大判	最高裁判所大法廷判決	最大決	最高裁判所大法廷決定
民集	最高裁判所民事判例集	刑集	最高裁判所刑事判例集

著者紹介

松 尾 剛 行（まつお・たかゆき）

桃尾・松尾・難波法律事務所パートナー弁護士（第一東京弁護士会）

2006 年　東京大学法学部卒業
2007 年　桃尾・松尾・難波法律事務所入所（現パートナー）
2013 年　アメリカ合衆国ハーバード・ロースクール修了（LL.M.）
2014 年　アメリカ合衆国ニューヨーク州弁護士登録
2020 年　中国北京大学法学院博士（法学）
2023 年　慶應義塾大学特任准教授
2024 年　学習院大学特別客員教授
2025 年　AI リーガルテック協会代表理事
中央大学非常勤講師，一橋大学客員研究員（2025 年 3 月現在。就任順）

著 書

『最新判例にみるインターネット上の名誉毀損の理論と実務〔第 2 版〕』（共著，勁草書房，2019 年）
『AI・HR テック対応　人事労務情報管理の法律実務』（弘文堂，2019 年）
『紛争解決のためのシステム開発法務——AI・アジャイル・パッケージ開発等のトラブル対応』（共著，法律文化社，2022 年）
『キャリアデザインのための企業法務入門』（有斐閣，2022 年）
『ChatGPT と法律実務——AI とリーガルテックがひらく弁護士／法務の未来』（弘文堂，2023 年）
『クラウド情報管理の法律実務〔第 2 版〕』（弘文堂，2023 年）
『実践編 広告法律相談 125 問』（日本加除出版，2023 年）
『キャリアプランニングのための企業法務弁護士入門』（有斐閣，2023 年）
『法学部生のためのキャリアエデュケーション』（有斐閣，2024 年）
『実務の落とし穴がわかる！　契約書審査のゴールデンルール 30』（学陽書房，2024 年）
『サイバネティック・アバターの法律問題——VTuber 時代の安心・安全な仮想空間にむけて』（弘文堂，2024 年）
『生成 AI の法律実務』（弘文堂，2025 年）
他多数。詳細は https://researchmap.jp/tm1984/

序 章
法学を学び始めるにあたって

1 法学部生は何を学ぶのか

(1) はじめに

読者の多くは法学部生で，中には法学に興味を持った他学部生もいることだろう。みなさんは既に法学について何らかのイメージを持っているかもしれない。例えば，映画，テレビドラマや漫画等で取り上げられる法曹（弁護士，裁判官，検察官），司法書士，弁理士，行政書士，宅建士等のその他の法律関係者の姿から，このような人になりたいといったイメージがあるかもしれない。また，高校までの公民，現代社会，公共，政治経済等の授業から法学に興味を持った人もいるかもしれない。さらに，法学そのものへの興味というよりは「就職に強そう」とか「つぶしが効きそう」と考えて法学部に入った人もいるかもしれない。

このように，法学部や法学へ興味を持つきっかけは様々であるが，大学の授業で初めて法学に触れる人も多いだろう。そして，そのような人たちの中には，法学について「イメージが違った」として悩んだり，そもそもどうやって法学を勉強すればよいのかがわからないために苦しむ人も少なくない。

筆者は，特に法学部の 2 年生から「1 年間勉強してきたが，法学がわからない」といった相談を受けることが多い。そのような学生の多くは，最初に法律の勉強方法を身につけることができなかった

ために,例えば法学の通年科目の期末試験を1年の終わりに受けた際に十分に法学を習得できていないことに気がつき,どうすればいいのか悩んで相談に来る。また,法学部に入ったばかりの大学1年生からも,これからどうやって法律を勉強していけばいいのかという相談を受けることがある。

そこで,ここからは,これまでの学生とのやりとり,特に,「法学が苦手だ」という悩みを持った学生とのやりとりを踏まえ,できるだけ法学を好きでかつ得意になってもらえるような「法学入門紙上講義」を展開してきたい。

(2) 実定法学≒法解釈学

法学には様々なものが含まれる。例えば,立法論といって,本来あるべき法の姿を論じる等も行われる。また,法哲学,法制史,法社会学等の「基礎法学」といわれる分野では,哲学,歴史学,社会学等の隣接分野の様々な観点を踏まえながら法学をより深めることができる。

とはいえ,法学部に入ると(学科にもよるし,大学によっても異なるものの)「憲法」「民法」「刑法」等が必修科目として割り当てられることが多い。このようないわゆる「実定法学」と呼ばれる分野において主に議論されるのは法解釈論である[1]。つまり,憲法,民

---

1) 基礎法学と異なる,憲法学,民法学,刑法学等の学問を総称して実定法学と呼ぶ。かつては法律の解釈や法律学的構成(概念・制度の意味内容,相互関連性,構造的位置を明らかにしたり,統一的体系化を行ったりすること)を教義学的かつ体系的に行うことに重点が置かれ,これは法解釈学あるいは法教義学と呼ばれていたが,裁判所の下す判例研究等の多面的活動が行われるようになり,個々の法律(およびその個々の条文の)解釈論にとどまらないとして,現在においては実定法学という用語を用いることが比較的多い(田中・法学入門199–201頁参照)。本節のタイトルを「≒」としており「=」としていないことにはこのような含意がある。

法，刑法等の法律（第1章2参照）の条文を解釈していく。本書も主に実定法学における法解釈学，つまり，各種の法律を適切に解釈して当てはめていくことを中心とし，そのための能力をどのように習得するか，という点にフォーカスして論を進める。例えば，民法4条を見てみよう。

> （成年）
> 第4条 年齢18歳をもって，成年とする。

　大学生のみなさんの大部分が「成人」だというのは，この規定に基づく。しかし，「どのタイミングで18歳になったといえるのか？」など，一見単純明快なこの条文についても，考えてみると疑問が出てくることだろう。法解釈というのは，このようなことを明確にしていくことである[2]。

　そもそも条文の文言が一義的に明確であれば，わざわざ「解釈」を行う必要はない。例えばある法律の制定直後にその法律が想定した事態そのものが生じていれば，関連する条文の文言をそのまま当てはめれば足りるであろう。しかし，立法者が想定していなかった事態は生じる。例えば「法の抜け穴」を探す人が，条文の文言からは規制されないとも思えるような，しかしながらその法律の趣旨には明らかに反する行為（「法の潜脱」と呼ばれることがある）を行う場合である。他にも，法律が古くなり，現実に追い付いていない場合がある。このような場合について，法を拡張的に解釈したり，場合によっては類推[3]して解釈したりすることで，法を現実に対して

---

[2] 「どのタイミングで18歳になったといえるのか？」といった点を比較的平易に説明したものとして，参議院法制局「4月1日生まれの子どもは早生まれ？」（https://houseikyoku.sangiin.go.jp/column/column011.htm）がある。

[3] 後（第3章参照）で述べるとおり，刑法等においては類推解釈が

適切に適用できないか，探求する必要がある。

このような法解釈学に対しては，いわば「無味乾燥な論理操作のようなもの」ではないか，という批判があり，そのような批判が当てはまる部分も全くないとはいえない。ただ，少なくとも本書が対象とする実務を見据えた法解釈は，単なる論理操作ではない。「はじめに」では，詐欺被害者の救済のケースを挙げたところ，このような具体的な事案の解決のために解釈が行われ，解釈の結果が具体的な事案に適用される。確かに，目の前の事案に対して条文の文言が素直に適用できる場合は，それを素直に当てはめることで足りることもある（法的三段論法，(3)および第1章3(6)参照）。しかし，条文の意味が曖昧であったり，条文を形式的に適用してしまうと，不当な結論となったりすることがある。だからこそ，解釈をしてその法律の条文の意味を明確にする必要がある。

個別の法律の個別の条文の解釈を学ぶだけではなく，そのような個々の解釈を学ぶことを通じて，どのような法律（ルール）であっても，それを適切に解釈・適用できるような技術を身につけることができる（(2)(7)参照）。だからこそ，司法試験は基本7科目と選択1科目の計8科目が問われるに過ぎないものの，この試験に合格して弁護士になると，約2000本の全ての法律について解釈をして依頼者にアドバイスするライセンスを与えられる（弁護士法72条参照）。

このように，日常語とは異なる用語法やお作法（第1章3(3)参照）を持つ法律の条文等の文言を，目の前の事案の解決のために適切な解釈によってその意味を明らかにした上で，当該条文等をその事案に当てはめて結論を出し，当該事案の解決を導いていく。これが実定法の法解釈において求められる基本的な営為である。

禁止されている場合がある。

(3) 法的三段論法

ここで,法解釈では,具体的な事案に法律を適用するにあたり「法的三段論法」と呼ばれる論理操作を行う。

法的三段論法は,以下のようなものである。

> **大前提**（規範）
> ↓
> **小前提**（事実）
> ↓
> **結　論**

大前提（規範）は多くの場合,問題となる法律の関連する条文である。そして,法解釈を行うことで,条文の正しい解釈が明らかになる。小前提（事実）は目の前の事案における事実関係である。適用されるべき条文の正しい解釈を目の前の事実関係に当てはめれば,正しい結論が出るはずであるところ,これが法的三段論法である。

例えば,先ほど挙げた18歳成年の例（民法4条）でいえば,以下のようなものが考えられる。

> **大前提**：民法4条によれば,18歳で成年となる
> 　　　　　（＝1人で有効な契約を締結できる）
> ↓
> **小前提**：Aさんは18歳である。
> ↓
> **結論**：よって,Aさんは成年となっている
> 　　　　（1人で有効な契約を締結できる）

このような三段論法は法学においてその基礎となるだけではない。大学における議論や,会社に入社した後の会議等において,自分の意見を論理的かつ説得的に述べるために,法的三段論法の枠組みを利用することは重要である。

2 法解釈が将来どう役に立つのか

(1) はじめに

法学部の1年生に,「あなたはこれから4年間,主に法解釈を学ぶことになります」と説明した場合,当然のことながら「法解釈を学んで(法解釈ができるようになって)何になるのか?」とか,「これから4年間の時間と労力を注ぎ込む意味があるのか?」という疑問を抱くことだろう。筆者の経験でも,「法解釈論が面白くてしょうがないので,法学部に進学して,ぜひ法解釈論を極めたい!」という動機で法学部に進学する学生は極めて少ない。そこで,「法学部で法解釈をする」と説明をしたときの,「え,そんなことをするのですか? それにいったいどのような意味があるのですか?」という反応はむしろ当たり前の反応である。

けれども,筆者は,少なくとも「憲法,民法,刑法等の重要な法令の全体像を押さえた上で基礎的な法解釈を行うことができるスキル」と,「大学においてそのような能力を培う過程で学ぶことができるもの」というのは,今後の人生,特にキャリアに大きく役に立つと考える。その理由を以下で説明しよう。

(2) 社会にいる「悪い人」に対抗する

残念ながら社会に出るとたくさんの「悪い人」がいる。例えば,ハラスメントをする上司・先輩,詐欺まがいの勧誘をしてくる久しく会ってなかった元知人,怪しいものを勧めるネットのインフルエンサー,保証人になってくれと頼む知人,そして,やけに時給の高いアルバイト(例えば口座を売らせる,詐欺の片棒を担がせるなど)を勧めてくる人やブラック企業等である。

法律はみなさんにそのような「悪い人」に対する対抗策を与えて

くれる。例えば、ハラスメント被害にあわないようにするにはどうすればよいか、ハラスメント被害にあった場合にどのように対抗策を講じるべきかなどは、労働法[4]等の法律を学ぶことでリスクを減らすことができる。また、悪徳商法を回避する方法を知る上でも、また、不運にも悪徳商法にあってしまった場合でも、消費者法[5]があなたを守ってくれる。保証についても、民法の規定等により保証人が一定の範囲で保護される場合がある（第2章5(4)参照）。

(3) 規則正しく処理する力が将来につながる

社会においては、悩ましい事案に対してどう対応すべきかが問題となることが多い。その場合、ややもすれば、場当たり的な処理や、感情的な処理をしがちである。しかし、本来は一定のルールに従い、公平かつ規則正しく処理すべきである。そうでないと「なぜあの人はこうなってしまうが、同じ状況の自分はそうでないのか？」といった不満が生じる。

例えば、テストで結果的に誤った回答をした人について、0点にするのか50点にするのかといった例をイメージしてみよう。どちらもあり得るだろうが、同じテストを受けた場合に、ある人は0点で、ある人は50点であれば、その基準が示されない限り、0点の人は納得できないだろう。このような場合に、例えば、〈途中まで思考過程が示され、それが正しければ、結果的に誤っていても部分点として50点をつける、しかし、思考過程が示されていなかったり、示された思考過程自体が誤っていたりすれば0点とする〉とすることは1つの事案解決のためのルールである。このような基準に

---

[4] 「労働法」という名前の法律は存在しない。労働基準法、労働契約法、労働安全衛生法、労働組合法、男女雇用機会均等法、パートタイム・有期雇用労働法、育児介護休業法等の様々な法令の総称である。

[5] 「消費者法」という名前の法律も存在しない。消費者契約法、特定商取引法、割賦販売法、景品表示法等の様々な法令の総称である。

基づき,「あなたは思考過程を示していないから0点だが,50点になった人は思考過程を示していた」と説明すれば,その処理の正当性が明らかになる。不透明で場当たり的な取扱いを避けるため,このような形でルールを定め,これを平等に適用していく必要がある。

　法学部においては,ルールの典型例である「法律」を用いてこのような規則正しく処理する力を習得することができる。法解釈を学ぶ(1(2)参照)というのは,まさにルールの内容をどのように理解し,目の前の事案に適用していくかを学ぶことである。そしてこの能力を,(法律と関係する仕事に就くか否かを問わず)社会に出てから活用することができる。

(4) 法律の言葉を理解できるようになる

(a) はじめに

　上記で,法学部では法律というルールを利用して規則正しい処理をする方法を学ぶと説明した。では,みなさんは,法律の条文を読んだことがあるだろうか。先ほど民法の条文を提示したし,中学高校で日本国憲法を読んだことがある学生も多いと思われる。しかし,そこで用いられる言葉には独特のものがある。具体的な条文,例えば民法192条を見てみよう。

> (即時取得)
> 第192条　取引行為によって,平穏に,かつ,公然と動産の占有を始めた者は,善意であり,かつ,過失がないときは,即時にその動産について行使する権利を取得する。

　これを読んでパッと意味がわかるだろうか。例えば,「善意」というのはどのような意味だろうか？「良い心」等では説明がつかない。確かに,法律は日本語で書かれている。しかし,法律の世界では日常語とは異なる言葉が使われ,特有の「お作法」がある。そこ

で，法律を学ぶことで，法律特有の言葉を正確に理解し，自分でも使いこなすことができるようになる。

ただ，読者のみなさんは，法学に入門したばかりで，このような独特の言葉遣いに途方に暮れているかもしれない。法律の言葉をできるだけ簡単に理解できるよう，筆者は，2つのことを勧めている。1つ目は，具体的シチュエーションを想定して，具体的な登場人物（法律の世界では「当事者」という）を条文等に挿入することである（(b)参照）。2つ目は，用語の意味を，自分の教科書（履修する授業で教科書指定されたものが典型的である）で，なければ法律分野の専門辞典[6]等で調べるということである（(c)参照）。

(b) 具体的な登場人物を挿入する

例えば，民法641条という条文は以下のとおり規定する。

> （注文者による契約の解除）
> 民法641条　請負人が仕事を完成しない間は，注文者は，いつでも損害を賠償して契約の解除をすることができる。

この条文について，事例を踏まえて当事者を挿入することが理解に資する。その場合には，典型的事例を念頭に置くことが有益であることから，以下の事例を考えてみよう。

> **事例0-1**：会社員のXがマイホームを建てようと考え，建築会社Yに家の建築を依頼し，Yはこれを請け負った。ところが，家が完成する前にXは急に地方転勤を命じられ，家が不要になった。そこで，Xは家を建てる契約をなかったことにしたい。

この事例を民法641条に挿入しよう。

---

[6] 例えば法令用語研究会『有斐閣法律用語辞典〔第5版〕』（有斐閣，2020年），高橋和之ほか編集代表『法律学小辞典〔第6版〕』（有斐閣，2025年）等を参照。

10 序章 法学を学び始めるにあたって

> 請負人（Y）が仕事を完成しない間は，注文者（X）は，いつでも損害を賠償して契約の解除をすることができる。

つまり，Xとしては急な地方転勤により家を建てる契約はもうキャンセルしたいと考えている。しかし，Yとしては「もうこの家のために建材（コンクリート，材木等）を買ってしまった以上，そんな簡単にキャンセルは認められない」となるだろう。このようなXとYの利害関係を調整するのが民法641条であり，まだ家が完成していないのであれば（仕事を完成しない間），XはYの「損害を賠償して」，例えば建材等の購入費用の損害等を賠償して，「契約の解除をすることができる」とした。これによってXは契約を解除できるし，Yは損害を賠償してもらえるということである。このような具体的事例を踏まえることで，条文の意味がわかりやすくなったのではなかろうか。この事例については，下記（4(3)参照）の試験答案の書き方においても解説していく。

もう1つの事例として，上記の民法192条について，当事者の挿入を行ってみよう。以下の事例を想定してみよう。

> **事例 0-2**：A（所有者）は黄金の茶碗（以下「本件茶碗」という）を持っていたが，B（借主＝売主）に本件茶碗を貸した。Bは自分のものだと偽ってC（買主）に本件茶碗を売った。

この事例をベースに，民法192条の条文に括弧書で当事者等を挿入すると以下のとおりとなる。

> 取引行為（＝B・C間の取引〔売買〕）によって，平穏に，かつ，公然と動産の占有を始めた（本件茶碗を手に入れて持っている）者（＝C）は，善意であり，かつ，過失がないときは，即時に

> その動産について行使する権利を取得する（＝本件茶碗の元所有者Aを含む他人に対し、自分〔C〕が本件茶碗の「所有権」を持つと主張することができる）。

　つまり、取引を行う際に、いちいち「それが本当にあなたの所有物であることを証明する証明書を出して下さい」などとは言わない。そこで、本来は他人（A）のものであっても、買主Cにおいて「善意であり、かつ、過失がないとき」には、Cが権利を取得する（Aは所有権を失う）のである[7]。この事例については、後で（第2章9参照）事例の検討手順を紹介する際により詳しく説明する。

　これらはあくまでも例であるが、条文を読む際に、その理解を促進する方策として積極的に活用していただきたい。

(c) 用語を調べる

　このような方法を採用することで、法律の条文の意味が、かなりクリアになってきたのではないだろうか。しかし、「善意」とは何かというのはなお問題となる。そこで、教科書や法律の専門辞典等を利用して用語を調べてみよう。

　「善意」は一般用語では「善良な心」とか「他人のためを思う心。好意。」等という意味である。しかし、法律用語では「ある事情を知らないこと」[8]であり、ある事実を知っていることを意味する「悪意」の対義語である。このように、法律用語を知らなければ、法律の意味を正確に理解することはできない。

　このように正確に法律用語を理解することで、上記事例0-2にお

---

[7] それではAがかわいそう、と思うかもしれない。しかし、ある意味では、悪い人がいる（(2)参照）社会においては、大事なものを貸す場合、勝手に売られてしまう等のリスクを踏まえ、Aは保険をかける、Bに保証人を立てさせる、Bに保証金を積ませるなど、相応の対応をすべきだった、ということになるだろう。なお、後述(5)も参照。

[8] 法律学小辞典・前掲注6) 815頁。

いて，民法192条がCを保護する要件である「善意であり，かつ，過失がないとき」の意味を正確に理解することができる。つまり，Cとして，Bが無権利である（Bには所有権はなく，借りているだけであるので，売ることはできない）と知っていれば，そのような事情を知っているCは保護されない。しかし，Cがそれを知らず，かつ，特に落ち度なくBが権利者と信じているなら，Cは保護される。

このような事例からも明らかなように，法律の条文の解釈というのは，単純な日本語の解釈ではなく，その「お作法」や特殊な「法律用語」を学ぶ必要がある。なぜ法律における表現や単語が特殊なのかというと，法律においては小さな違いが大きな意味を持つことがあるから，厳密性を高めるために，日常語における曖昧な表現をできるだけ減らそうとして，独自の用語法が発展したからである。例えば，マスコミは，刑事裁判において起訴された人を「被告」と呼ぶが，法律用語では，刑事裁判において起訴された人は「被告人」であり，「被告」は民事裁判において訴えられた人のことである。このように，日常語では同様の意味の言葉として用いられる言葉が，法律用語としては全く異なる意味で用いられることもある。

また，事例0-2においては「黄金の茶碗」を「本件茶碗」と定義した。このように，用語を定義することには，日常語を利用して説明しようとすればとても長くなるものを短くまとめる意義もある。

法律家の文章では，これらの観点から独自の言葉を使わざるを得ず，その結果として，わかりにくさやとっつきにくさがあることは否定できない。このような日常用語との相違を，「法律用語（legal jargon）は外国語のようだ」という人もいる。確かに，日本語との相違は存在する。しかし，日本語と法律の言葉を完全に切り離すべきではなく，日本語の国語力（論理的に文章を理解し，論理的な文章を書く能力）ももちろん重要である。要するに，日本語の国語力に加え，法律の世界における応用力が必要だということである[9]。

(d) 小 括

このように，条文に登場人物（当事者）を挿入することで，一見無味乾燥な条文が生き生きとしてくるのではないか。また，出てきた用語の意味を調べることで，日常の言葉とは異なる法律の言葉を認識することができる。特に，学習初期に学ぶ用語は，とても重要で，その後はその意味は当然に理解しているという前提で授業などが進むことも多い。法学に入門したらぜひ，具体的に当事者を挿入し，用語の意味を調べるという上記習慣を身につけていただきたい。

(5) 対立する利益の間でバランスを取る

社会においては様々な利益が対立する。そして，そのような多種多様な利害のバランスを取ることは法律の重要な役割である。法律の世界において典型的に発生するパターンは，「悪いヤツ」が逃げてしまい，残った「かわいそうな人」同士で，どちらが保護されるべきかについて，法律が基準を設定するといものとである。

上記（(4)参照）の事例 0-2 をもう一度見てみよう。この事例では，所有者 A が「この茶碗は俺のものだ」といい，C も「この茶碗は自分のものだ」という。そして，多くの場合「悪いヤツ」である B は既に行方不明になっているか，仮に居場所はわかっても手元にお金がないので損害賠償を払えないなど，B から救済を受けられないことが多い（第 5 章 3(5)参照）。そうすると「貸した茶碗を勝手に売られたかわいそうな A」と「自分のものと偽った B に茶碗を買わされたかわいそうな C」というかわいそうな人 2 人が残るわけである。このような「かわいそうな人」の間における利害について，ケースバイケースで「どちらがよりかわいそうな人か」に基づき保護される人を決定することも全くあり得ないわけではない。しかし，

---

9) なお，簡潔で一義的な法律文章の書き方につき白石忠志『法律文章読本』（弘文堂，2024 年）も参考になる。

それでは判断が場当たり的，感情的になって，結局不公平な結果になってしまう。そこで，法律がどの条件の下でどちらを勝たせるかについてルールを定めている。このようなルールは典型的には私法上の権利関係を規律する民法において見られる。

そして，確かに所有者Aもかわいそうではあるが，民法は，「取引相手が所有者だと信じて取引する」という社会の慣行を尊重し，取引の際において，毎回，「あなたの所有物であることを証明する証明書を出して下さい」などとは言わなくても安心して取引できるよう，Cに所有権を与える。このような考え方を「取引（の）安全」と呼ぶことがある。社会は取引の連続によって実現されていることから，（一定の注意を払うことを前提として）誰でも安心して取引ができるようにすることは多くの人の利益に適う。ただし，常に取引の相手方であるCを保護するのではなく，善意（前述のとおりBが所有者ではないことを「知らない」こと）で無過失の場合にのみCを保護する（Bが所有者ではないと知っているCや，それを知らないことに落ち度があるCについては保護せず，その場合にはAを保護する）ことで，対立する利益の間でバランスを取ろうとしている。

そして，このようなバランス感覚は，大学卒業後は，まさに対立する利害にさらされながら社会生活を送っていく以上，みなさんの将来にとっても，きっと役に立つだろう[10]。また，このような対立する利益のバランスの取り方を学ぶことは，例えば，社内におけるルール作り等においても役に立つだろう[11]。

---

[10] 営業担当者は，「利益を確保して高く売りなさい」という会社と，「値引きしてほしい」という顧客の間のバランスを取ることになる。

[11] 筆者は企業内における生成AIのルール策定に関わっている。松尾剛行『ChatGPTと法律実務』（弘文堂，2023年）189頁以下。

(6) 周囲を説得する力を学ぶ

大学入試までと異なり、社会に出れば「正解がない話」が多い。以下の事例を見てみよう[12]。

> **事例 0-3**：社長が公共プロジェクトを受注するため、政治家の配偶者が代表を務めるペーパーカンパニーに『コンサルティング料』を払おうとしており、周囲に『賄賂ではないか？やめた方がいいのでは？』と言われても言うことを聞かない。

たぶん社長は、それが実質的には賄賂とかもしれないということは薄々わかっているのだろう。ただ、「コンサルティング料だから大丈夫（賄賂ではない）」とか「グレーでも、会社の売上げのためには清濁併せ呑む必要がある」という考えであると推測される（なお、名目が「コンサルティング料」であっても、実質が賄賂であれば贈賄罪〔刑法198条参照〕に問われるので、社長の前者の考えは誤りである）。

このような場合にどうすればいいかについて、唯一絶対の「正解」はない。そして、このような「正解がない問題」こそ、社会人が解決すべき重要課題である。なぜなら、電卓をたたけば計算結果が出てくるような「正解がある話」であれば、ますますIT化（ソフトウェア化）やAI化の進む今後の社会においては、AI等に任せればよくなると予測されるため、人間が付加価値をつけて解決すべき課題としては正解がない問題が重要となるからである[13]。

そのような正解がないものに対応するためには、自分の考える方向性で進めることについて周囲の人を巻き込み、説得し、最終的に自分の意思決定を実現するということを目指したい。事例0-3における周囲の人としては、法務部長（法務担当役員、管理担当役員のこ

---

12) 松尾・キャリアエデュケーション3頁以下も参照。
13) 松尾・前掲注11) 252頁以下および松尾・キャリアエデュケーション184頁以下参照。

ともある),(典型的には弁護士資格を持つ)社外取締役,内部通報窓口担当者(特に法律事務所が窓口を務めていれば当該窓口の担当弁護士)等が挙げられるだろう。「支払をやめさせる」,という自らの考えた方向性を実現するには,そのような関係者と十分にコミュニケーションをとり,コンサルティング料の支払をやめさせるべきである旨を説得し,そして,最終的には,社長がコンサルティング料を払わないという意思決定をする状況を実現する必要があるだろう。

そして,大学生活,とりわけ法学部における学生生活は,このような正解がない社会人生活の準備段階とみることができる。すなわち,法学の講義においては,様々な見解が対立する中で,教員は自説を説得的に説明することを試みる。例えば,「最高裁判所の判例(第1章4参照)や通説(多くの学者に支持され,妥当とされる見解)の法解釈は誤っている,なぜかというと〜」などと,講義の中で,教員の見解が述べられる。また,試験では,解釈が分かれるようなポイントについて自分の見解を説得的に説明して事案を解決していくことになる(4(3)参照)。これはまさに正解がない問題に対応するための「説得」の訓練になる。なお,グループディスカッションやグループ発表等が行われる授業であれば,周囲とのコミュニケーションおよび意思決定といった過程についても訓練を積むことができる。

(7) 法的な「ものの考え方」を学ぶ

法律とその解釈論を学ぶことで,もちろん個々の法律の条文に何が書いているかを押さえることはできる。ただ,そのような個々の知識は,究極的には調べればわかることでもある。それにもかかわらず,法学部において4年にわたり法律とその解釈論を学ぶことの意味は,初めて見る法律や初めて接する問題に対しても法律の観点から適切に取り組むことができるという,法的な「ものの見方」や「ものの考え方」を学ぶことにある[14]。

ここでいう，法的なものの考え方というのは，例えば，「罰を与える手続に重大な問題があれば，その人がどのような悪いことをしたか（実体）はともかく，その人に罰を与えてはいけない」15)といった，個々の法律の知識にとどまらない，広い意味の法律家としてのものの見方，考え方のことである。

　もちろん，法学部の授業は「憲法」「民法」「刑法」のように，それぞれの法律ごとに提供されることが多いだろう。しかし，その学びは，単にその法律に詳しくなるということにとどまらず，法的なものの見方の習得につながる。社会に出てからも，「この問題は法律の観点から考えるとどう見えるだろうか？」という，他の人とは異なる視点から，物事に対して新たな光を当てることができる。特に社会人は，法学部出身者や法学を学んだことがある者ばかりではない。会議の参加者の中で，自分だけが法的な「ものの考え方」を知っている，ということもあるだろう。そうすると例えば，誰かにペナルティを与えるという話になった際に，「その人の言い分を聞き取るなどの手続はしっかり行っているのか」といった別の観点から問いかけをするなどの形で自分の強みを発揮できるかもしれない。

(8) 小　括

　これらは，筆者の「法律の解釈論を 4 年間学ぶことにどのような意味があるのか？」という疑問に対する回答である。もちろん，異論はあるだろうし，他にも役に立つことがある，という意見もあるかもしれないが，あくまでも現時点の暫定的なものと理解してほし

---

14)　このような法的なものの見方や考え方について「リーガルマインド」と呼ぶこともある。リーガルマインドにつき竜嵜喜助「リーガル・マインド　そして日本の歩み」法学教室 175 号（1995 年）22 頁以下および太田勝造「法解釈学の思考様式――リーガル・マインドを身につけよう！」法学セミナー 807 号（2022 年）33 頁以下参照。

15)　刑事訴訟における違法収集証拠排除について，第 6 章 2 (5)(a)を参照。

い。そして，本書が「キャリアにつながる」というタイトルなのは，まさに法学の基礎を身につけることが社会生活の中でキャリアを発展させていく際の「基礎」にもなることを踏まえたものである。

3 理解の重要性

(1) 暗記か理解か？

確かに基本的事項の暗記は学びの前提として必要である。例えば前述のとおり（2(4)(c)参照），「善意」の意味がわからなければ，試験問題に「善意のC」と書かれていてもその意味がわからないだろうし，実務で目の前の事案を適切に解決しようにも，正しい方向で検討を進めることもできないだろう。

しかし，理解が欠けていれば使いものにならない。やみくもにひたすら暗記をしても，実務で使えるわけではないし，法学部の試験，典型的には論文式試験では，具体的な事案に即した理解が問われる。試験では例えば事例0-2（2(4)(b)参照）のような事例が示されて，CとAのいずれが所有権を持つかなどを述べることが求められることが多い。「理解」していなければ，すぐに馬脚を現してしまう。

だからこそ，どうやって理解と暗記を両立させるかが問題となる。

まずは，最低限必要な専門用語は暗記しておいてもらいたい。例えば，「適応（適用の誤り）」「債券（債権の誤り）」「意志表示（意思表示の誤り）」「訴えの棄却（訴え却下の誤り）」や「請求却下（請求棄却の誤り）」などという間違った言葉を使われると，試験の採点者としては，「理解できていない」という推定が働いてしまう。外国語を覚えるのと似たような意味で，法律学で使われる用語等を正確に理解した上で，いつでも自由自在に取り出して間違いなく使えるという限りで暗記を避けて通ることはできない（第2章Column も参照）。また，憲法であれば例えば検閲の定義（第4章4(7)(a)参照），行

政法であれば例えば処分性の定式（第8章4(2)参照）等の議論のスタートラインとなる事項についても暗記をした上で、試験等でいつでも取り出せるようにしておくべきである。

次に、法学の学びを通じて到達すべき地点が、具体的事案に法律を適用し、当該事案を解決できるようにすること（4(3)も参照）である以上、単に暗記をしているだけではなく、まさにその知識を自由自在に取り出して「使える」ようになるための理解が必要である。そして、自分の理解というのがそのような目的との関係に即して十分か、という点は常に問われるところである[16]。

さらに、多くの論文式試験は六法の持込みが可能である。そこで、条文に書いていることを暗記する必要はない。とはいえ、日頃から授業に六法を持ち込んで、六法を引く訓練を積むべきであるし（第1章2(1)、同3(3)(a)参照）、「この事項に関する条文は大体どのあたりにあるか」を頭に入れておかないと、結局条文を引くことはできない。

(2) 典型例の理解

このように、法律を理解して、その知識を「使える」ようにするためには、まずは具体的事例、とりわけ典型例を用いて理解することが重要である。つまり最初は、「そのルールは典型的にはどのような事案に当てはまるか」から理解をスタートさせなければ混乱してしまう。上記（2(4)参照）の2つの事例のように、典型的な具体例に基づき理解すべきである。

(3) 原則・例外

このように、特定の知識を理解する上では、典型例を用いて理解

---

[16] もし、じっくり時間をかけて教科書等を読み込んだものの、そのような事案の解決力につながらないならば、勉強方法を変更することを検討すべきであり、当該科目の担当教員や先輩等に相談してみよう。

すべきである。それでは、どのような順番で知識を理解していくべきであろうか。筆者は原則から理解すべきと考える。

世の中は複雑である。だからこそ、森羅万象を1つのルールで規律することはできない。そこで法律は、例えば「原則として未成年は単独で行った契約を取り消すことができる、しかし、一定の例外的場合（例えば「詐術」をした場合）には契約を取り消すことができない」（民法5条、21条等参照）という形で、原則と例外を示す[17]。その際には2つ以上の条文が用いられることもあるが、1つの条文の中で、「ただし書」といって、「ただし〜の場合にはこの限りではない」といった表現が用いられることもある。

そのような場合には、まずは原則から理解しなければ、混乱してしまうことが多い。その制度の原則は何か、どのような理由（趣旨）でそうなっているのか、その典型例は何かをまずはセットで覚えよう。その後で、どのような例外があるか、なぜそのような例外が必要か、例外の典型例は何かを順次押さえていこう。

なお、最高裁の判例が重要な解釈を示していることも多く、実務上も参照される場合が多い。ただ、そのような判例の学習に進む前に、まずは条文の定める原則から理解すべきである。つまり、最高裁まで行って解釈を争う事態は「異常事態」であることが多い（第1章4参照）。要するに、重要な例外的事案について最高裁判所が判断を示したという類型が多い。このような例外を理解するには、先に原則を押さえるべきである。例外ばかりを頑張って覚えたがために、「原則」が疎かになってはならない。

---

17) 場合によっては「例外の例外」が存在することもある。

(4) 体系の観点

(a) 体系的理解が必須であること

　法解釈を行うことができるということは，（実務における，または試験で問われる）目の前の事案を解決することができるということである。そのためには，法的三段論法（1(3)参照）を実践し，目の前の事案に関係する法令，典型的には特定の法律の条文をピックアップし，それを解釈して事案に当てはめる必要がある。このように，事案に応じた適切な条文をピックアップすることが，法解釈の第一ステップとなる。条文を適切に抽出できるためには法律を体系的に理解することが必須である。

　もし，特定の事案類型に関する条文が1か所に固まっていたら，条文のピックアップは楽である。例えば，民法において物を売り買いする，「売買」契約に関する条文が1か所にまとまっていれば，それだけを見ればよい。ところが，残念ながらそうではないのである。しかも，初学者にとって困ったことに，民法には，「売買」という名称のセクション（555条〜585条）があり，どうしてもそこだけに目が向きやすいものの，そこには売買に関して問題となり得る条文の10%程度も含まれていないのである。

(b) パンデクテンとは

　その理由は，民法等の多くの法令が「パンデクテン方式」を採用しているからである。パンデクテン方式とは，共通する項目を括り出して「総則」等として先に置く条文の体系である[18]。

　例えば，ゲームの攻略本について，以下のような書き方であれば，やや重複が多く，もう少し省略できないか，と思うのではないか。

---

18) 例えば赤松秀岳「民法典の体系」法学教室181号（1995年）43頁以下を参照。

> 1 ピカチュウの攻略方法
>   (1) 一般的な攻略方法＝モンスターボールを投げる
>   (2) でんき属性一般の攻略方法＝防御と HP が低いのが弱点
>   (3) ピカチュウ固有の攻略方法
> 2 ライチュウの攻略方法
>   (1) 一般的な攻略方法＝モンスターボールを投げる
>   (2) でんき属性一般の攻略方法＝防御と HP が低いのが弱点
>   (3) ライチュウ固有の攻略方法

これらのうち共通する部分を前に括り出すとこうなる。

> 1 一般的な攻略方法＝モンスターボールを投げる
> 2 でんき属性一般の攻略方法＝防御と HP が低いのが弱点
> 3 個別の攻略方法
>   (1) ピカチュウ
>   (2) ライチュウ

かなりスッキリしただろう。ただし，今目の前にいるピカチュウを攻略したい，という場合には，3(1)のピカチュウに関する部分だけを読むのではなく，1や2も併せて読まなければならない[19]。

そして，日本の法律は2番目に示した，〈共通する部分を前に括り出す手法〉を採用しており，これがパンデクテン方式である。よって，法律を具体的事実関係に適用する上では，このような作り（体系）になっていることを把握して，法律の様々なところに散らばる関連する条項を適切に適用していかなければならない。

---

[19] 加えて，でんき属性一般ではなく，（同じでんき属性でも）コイルやサンダーには関係しないが，ピカチュウとライチュウだけに関係する事項については，2の項目には書けないので，まず3(1)でそれを述べた上で，3(2)では「3(1)で述べた～についてはライチュウについても当てはまる」と説明することがあり得るだろう。これが「準用」である。日本の法令にはこのような準用規定も多数存在する。

(c) 民法に見るパンデクテンの実際

概括的であるが，民法の売買を例にとって，関係する条文がどこにありそうかを示すことで，パンデクテンのイメージを持っていただきたい（第2章2(1)参照）。民法は①総則，②物権，③債権，④親族，⑤相続の5編で構成されるが，その全てにおいて売買に関係する条文が存在する。

例えば，①総則編では，当事者が未成年者であれば，親権者等の同意なく有効に売買契約を締結することができない旨が規定されている（民法5条，行為能力）。また，契約の際に誤解をしている（民法95条，錯誤），あるいは詐欺や強迫（民法96条）の被害にあった場合には，一定の要件の下で契約の取消しが認められている。もし，自分で契約を締結せず，他の人に代理人になってもらうのであれば代理（民法99条以下）の問題が発生する。もし売買代金を長期にわたって請求しないなら時効（民法144条以下）の問題が発生する。

また，売買の対象は，土地（民法では「不動産」と呼ばれる）や事例0-2で問題となった茶碗（民法では「動産」と呼ばれる）であり，物権が問題となる。民法の②物権編においては，不動産を買った場合に登記が必要であることが規定される（民法177条）。また，事例0-2のように所有者ではない人から茶碗を買った場合に関する規律（「即時取得」や「善意取得」と呼ばれる）も定められている（民法192条）。このほか「不動産を抵当に入れる」とか「バッグを質に入れる」といった言葉があるが，売買代金の支払を確保するため，物権の一種である，抵当権（民法369条以下）や質権（民法342条以下）等の担保物権と称されるものを設定してもらうこともある。

さらに，③債権編には売買と密接に関係する条文がそろっている。代金を支払わない，商品を渡さないという債務不履行（民法412条以下）や，保証人（民法446条以下）をつけること，弁済（民法473条以下）によって債務が消滅すること等は債権総論の問題である。契

約の成立条件（民法521条以下），契約の解除（民法540条以下）の問題は契約総論である。そして上記のとおり契約各論において「売買」（民法555条以下）というセクションが存在する。

加えて，売買契約の債務について，本人が支払わない場合に配偶者に払えと言えるのか，当事者が死亡して，相続が発生したらどうなるか等は全て④親族編や⑤相続編に規定されている。

これらは多数存在する売買に関係する条項の一部に過ぎないが，売買に関する問題を1つ検討する上でも，民法全体に散らばる条文をきちんとピックアップすることができないといけないことがご理解いただけるのではないか。だからこそ，それぞれの法令を体系的に理解し，今学んでいる個々の条文や個々の制度がどこに位置付けられているかを把握することが重要である。

(d) 民法以外でも全体像が重要である

民法以外でも多くの法令で全体像を理解し，それぞれの制度がどの体系に位置付けられているかを把握することが重要である。

例えば，刑法ではまず総論を勉強するが，総論では各論の犯罪を例にとって総論の問題が議論される。その意味では，全ての法律で学習初期に全体像を理解すべきである。本書の第2章以下で行う基本七法の解説は，このような全体像の理解を促進する趣旨である。

(5) 制度趣旨の観点

上記（2⑸参照）においては，民法192条の趣旨が取引安全であると説明した。それぞれの制度にはそれなりの理由がある。そして，そのような趣旨から個々の制度の解釈が決まってくることが多い。よって，それぞれの制度の趣旨を理解することで，当該趣旨を利用して目の前の事案を解決することができる。

制度趣旨は概括的なものという限りでは，例えば，以下のようにパターン化することができる。

> - **弱者保護**（未成年者保護，消費者保護，労働者保護）
> - **取引安全**
> - **信頼・期待等の保護**
> - **公平**（損害の公平な分担等を含む）

　もちろん，例えば「損害の公平な分担」の中にも「危険を発生させた以上は損害を負担するのが公平」とか「利益の存するところには損失も帰するのが公平」という考え方があるなど，具体的な状況において趣旨が異なり得るが，上記を参考に，制度趣旨を理解していこう[20]。

(6) 類似する制度との比較の観点

　あるものを理解したといえるためには，それと類似したものを併せて理解し，それとの比較の中で理解を深めることが重要である。

　例えば，未成年者が契約を取り消すことができるという制度（民法5条）は，行為能力と呼ばれる制度に位置付けられる。行為能力制度を理解する場合には，同時に，権利能力制度や意思能力制度という類似したものと比較することではじめて行為能力制度を深く理解することができる[21]。このように類似する制度との比較の観点を持つことが大事である。

---

20) なお，理屈だけで解決されるのではなく，いわゆる「調整問題」も存在する。例えば，ゴミを何曜日に出すかや，信号で優先する方を緑にするか赤にするかなどはどれが正しいというものはないが，何らかのルールを決めてそれを明確にしなければいけない。長谷部恭男『憲法〔第8版〕』（新世社，2022年）8頁参照。

21) 例えば佐久間毅『民法の基礎1〔第5版〕』（有斐閣，2020年）では，行為能力は86頁以下，権利能力は17頁以下，および意思能力は81頁以下で解説されている。

4 法学部における勉強の仕方

(1) 法学部における勉強の仕方

　法学部における勉強の仕方をよく尋ねられる。もちろん，個別の教員から授業の受講方法や予習復習方法について指示があった場合にはその指示に従うべきであるが，以下は筆者の私見である[22]。

　他の学部と比較した際の法学部の特徴として，大人数講義形式の授業の多さを挙げることができる。もちろんゼミもあるし，教養科目は少人数の場合も多いが，「憲法」「民法」「刑法」などの，多くの人が受講する専門科目はその多くが大人数講義である。大人数講義では，そもそも（厳格には）出席を取らないことがあるし，講義形式としては一方的に教授の話を聞くだけになりがちである。そうすると，完全に「受け身」の姿勢になりかねない。受け身で一方的に教授の話を聞くことがつまらないと考える学生が少なくないこと自体は理解することができる。YouTube（や Netflix）なら自分で好きなタイミングで好きな格好や姿勢で視聴することができ，少なくとも一般論として YouTube（や Netflix）の動画の方が面白いことも多いのだろう。ただ，筆者は，そもそもそのような受け身の態度で（法学に限らない）大学における勉強をしようとすること自体が間違っていると考える。つまり，受け身ではなく，積極的に問題意識を持って大学の授業を受けるべきである。

　このように述べると，当然のことながら，具体的にどのように大学の授業を受ければいいのか，どうやって積極的に問題意識を持てばいいかという疑問が出てくるだろう。筆者は予習をすることと，それに伴う問題意識を持って授業に臨むことを勧めている。

22）　横田明美ほか『法学学習 Q&A』（有斐閣，2019 年）も参照のこと。

通常，シラバスで教科書が指定されていたり，レジュメが配られたりすることで，事前に「その回の授業で何が教えられるか」は少なくとも概括的には示されるだろう。そこで，例えば教科書やレジュメを読んで予習をすることができると思われる。そして，予習をしてみると，疑問が出てこないということはないのではないか。つまり，予習段階で全てを理解し切り，何の疑問も生じないということは通常は発生しないだろう。その意味では，予習というのはいわば「疑問を出す」フェーズである。そして，予習段階で出てきた疑問を解消する「場」として授業を活用する。つまり，「この疑問を解消しよう」，という心持ちで積極的に授業を受ければ，授業の効果は増大するだろう。また，大学の授業時間は90分から105分程度と長く，全ての時間に集中できない可能性がある[23]。だからこそ，自分が予習の際に感じた疑問をベースとして，あらかじめ集中して授業を聞くべきポイントを整理しておいて，少なくともその箇所だけは全集中で授業に臨むというスタンスを，ぜひお勧めしたい。

　加えて，予習や授業では，その知識が実際にどう使われるのか，換言すれば，インプットだけではなくアウトプットにも意識を向けていただきたい。つまり，抽象的に制度が存在することを知るだけではなく，その制度が実際にどのような場合に利用されるのか，を身につければ，試験で事例問題を解く際にその知識を使いやすくなり，その知識を社会に出てから利用することがより容易になるだろう。

　その上で，授業直後と試験前に復習をする。その際は，その項目が事例問題の形式で試験に出題された場合に正答できるか，という観点で教科書・レジュメやノートを読み直そう。このような観点か

---

23) この点は，いわゆるFD（ファカルティ・デベロプメント）として多くの先生方が途中でブレイクタイム（休憩）を設けて雑談を入れ気分をリフレッシュしてもらうなど工夫をすることで，できるだけ集中が続くよう努力しているものと承知している。

らわからないことがあれば友人や教員に質問するべきである。

このような予習・授業・復習の一連の過程を経ることで、法律を結果として効率的に学ぶことができ、最小限の時間で希望するレベルの理解に到達することができる。そうすれば、部活・サークル、アルバイト、就活等との両立も可能になるだろう。

(2) 法学部における「レポート」の書き方

(a) はじめに

法学部では、レポートを課される講義も少なくない[24]。レポートには2つのパターンがある。テーマが決められているものと、テーマが自由なものである。テーマが決められているものというのは、例えば知的財産法の授業で「日本の著作権法30条の4を改正してAI開発のための著作物の利用を制限すべきか検討せよ」[25]とするような、記述すべきことが決まっているものである。テーマが自由なものは、例えば企業法務の授業で「興味のある企業法務上の問題について調べて、自分なりに考えたことをまとめなさい」とするような、論ずべき内容が（一定の範囲で）自由に選べるものである。

そして、レポート課題を出す教員側としては、このようなレポート課題を通じて、学生の、調査をした上で自分なりに考えてまとめる（表現する）能力を養成し、またその程度を確認して成績評価を行おうとしている。これらの能力は、実務における説得（2(6)参照）のためにも必要な、社会に出てからも重要な能力である。

個別の教員から指導がある場合にはその指導に従うべきだが、基

---

24) 法学の文脈のレポートの書き方については、横田明美『カフェパウゼで法学を』（弘文堂、2018年）53頁以下を参照のこと。
25) AIと著作権については詳論しないが、松尾剛行『生成AIの法律実務』（弘文堂、2025年）および文化審議会著作権分科会法制度小委員会「AIと著作権に関する考え方について」(https://www.bunka.go.jp/seisaku/bunkashingikai/chosakuken/pdf/94037901_01.pdf) を参照のこと。

レポートのテーマを考える上での視点

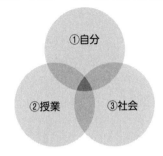

本的には，テーマ決定→調べる→考える→書く（＋推敲する）という4プロセスとなる。以下，それぞれの項目について検討しよう。

(b) **テーマ決定**

テーマが決められているレポートであれば，次項の「調べる」に進もう。しかし，具体的なテーマが与えられていないレポートにおいてはどのようなテーマにするかを自分で決定しなければならない。

ここでいうテーマは「リサーチクエスチョン」と言い換えることもできる。つまり，自分がどのような問題意識を持っていて，そのレポートで何を解明したいのかを明らかにするということである。筆者は①自分，②授業および③社会という3点との接点を総合してテーマを決めることを勧めている（図の一番濃い色の部分参照）。

すなわち，一定以上の労力をかけてレポートを書く以上，①自分自身が頑張って調べたいテーマを選定すべきである。また，②レポートが授業の評価のために課題として課されているのだから，授業との関連性は必要になる。その中で，③社会で注目されてニュースになっていたり，現時点ではまだ注目されていないけれども，社会的に重要な問題だと考えたりするものをテーマに選ぶべきである。

その際には例えば上記((a)参照)の企業法務の授業のレポート課題であれば，「なぜ企業不祥事が起こるのか？」のような漠然としたテーマではなく「A社の不祥事はどうすれば防止できたか――

もしA社が上場企業に求められるコンプライアンス対応を実施していたら？」というように，具体的かつ「狭い」テーマにしてその範囲で徹底的に掘り下げることが望ましい。非常に抽象的で漠然としたテーマであれば，調査結果もまた漠然としてしまい，考えた内容もどうしても平凡な（いわゆる「お行儀のよい」）ものになりがちである。多少物議を醸すことを覚悟した上でいえば，「抽象的テーマであればあるほど，いくら頑張ってもChatGPTの回答とあまり変わらないレポートになってしまいがち」である。だからこそ，狭いリサーチクエスチョンを設定し，「この非常に狭いテーマだけは，これまでにないほど（ChatGPTに真似できないほど）徹底的に調べて考えた」といえるくらいに掘り下げるべきである。

(c) **調べる**

まずは，「巨人の肩」に乗る[26]べきである。筆者はレポート「ドラフト」を学生に提出させてレポート指導を行っているが，ドラフト段階では，学生が「考えた」と言いながらも，調査が足りておらず，既に議論が深まっているような内容であるにもかかわらず，先行研究を参照せず，自分の頭だけで考えて，レポートに書いてくることがよく見られる。そこで，「このような考えについては既にこのような批判がされているので調べてみて下さい」と指導すると，正式な提出版では，見違えるように質が上がることも多い。

上記((b)参照)で述べた③社会との関係でも，もしその問題が社会的に重要ならば既に専門家が議論しているはずである。ゼロから自分の頭だけで考えても，そのような専門家の議論の中で既に扱われたアイディアしか出てこない可能性は高い。だからこそ，既に議論されているのではないか，という観点で調べ尽くすべきである。

学生のレポートを見ると，インターネットを利用して調べている

---

26) 先行研究を参照し，それを踏まえた議論を行うことの比喩である。

人が多い。確かに政府の資料や一部のインターネット上に掲載されている学術論文のようにインターネット上の情報には参考になるものもある。しかし，例えば自分の設定テーマに近い内容について述べた書籍（新書でもテーマと関連性が深ければ参考になることは多い）を1冊読んで参考にすれば，それだけでかなりレポートの内容を深めることができる。最近では図書館の電子データベースを利用することで，例えば一部の法律書や法律専門雑誌，オンラインジャーナルを閲覧するなど，家にいながらかなりの資料にアクセスできる。ぜひこのように「タダではない文献・資料」も調べていただきたい。

(d) **考える**

調べた内容を踏まえてよく考えるべきである。ここでは，これまでの議論においてそれぞれどのような「理由」付けがなされているのかが重要である。例えば，Aという理由でBと主張されている場合に，仮に最近ではAではなくなっているといえるのであれば，それを理由として「もはやBではない」として説得的な議論を行うことができるかもしれない。

また，反対説への目配りも重要である。担当教員はいわば「プロ」なので，学生がもし自分に都合のよい根拠だけを恣意的にピックアップし都合の悪い議論や事実を伏せていれば，すぐにそのことに気付いてしまう。したがって，自説と対立する見解についても「調べ」（(c)参照），それを引用（(e)参照）し，そのような批判がありながらも，なぜその見解を採用すべきかを説明すべきである。

(e) **書く**

書くことについては，構成をしっかりすることと，引用をすることが重要である。

まず，構成は序論，本論，結論の構成とすることが多い。上記の企業法務のレポートの例（(b)参照）においては，例えば，以下のような形で，本論が複数部分に分けられることが多いだろう。

> **1 序論**
> **本論**
> **2 A社におけるコンプライアンス違反の内容**
> **3 上場企業において求められるコンプライアンス対応**
> **4 もしA社に上場企業レベルのコンプライアンス対応が講じられていたら本件は防げたか？**
> **5 結論**

序論では導入としてリサーチクエスチョンが何かを示し，それを論じる意義を述べる。例えば，A社の不祥事が広く報じられていること，この不祥事についてA社が非上場企業だから起こったとの説明もあること，よって，もし上場企業レベルのコンプライアンス対応を講じれば予防することができたかを検討するなどと述べる。

本論は，まさにリサーチクエスチョンについて調べて考えたことを（多くの場合には，複数部分に分節しながら）論理的に説明する。

結論としては，リサーチクエスチョンに対する回答を示した上で，そのレポートの意義や限界を説明することになろうか。

そして，自分のレポートが「剽窃」ではなく，先人の研究成果を尊重していることを示すという研究倫理の意味，そして，引用に関する著作権法の例外要件を満たす意味で，調べた文献を正しく「引用」すべきである。引用方法はそれぞれの分野の公正な慣行を満たすべきであり，法律関係のレポートであれば「法律文献等の出典の表示方法」によるのがよいだろう[27]。

(f) ブレストと推敲

提出直前に徹夜で一気呵成に書いても質の高いレポートになることは少ない。前述のように筆者の授業では，一夜漬けを実質的に禁止するため，また，自分の頭で考えさせるため，正式提出前のレポ

---

27) 法律編集者懇話会『法律文献等の出典の表示方法』(特定非営利活動法人法教育支援センター，2014年)（https://houkyouikushien.wixsite.com/bunken）。

ート「ドラフト」の提出を求めている。そしてそれに対する筆者のコメントを踏まえ、さらに学生自身が考えて加筆・修正をして最終的に提出をするプロセスを経ることにしている。

　いずれにせよ、まずは、アイディア段階や調査段階でいろいろと検討すべきである。例えば締切りの1か月やそれ以上前に教員に相談するなら教員も喜んで指導してくれるだろう[28]。また、(その教員の方針が友人に相談することすら禁止するというものでなければ、)友人に相談し、ブレストすることも考えられる。

　そして、一度書いた後で自分で読み直して推敲をすべきである。例えば、提出期限の日の前日までに書き上げた上で、きちんと睡眠を取って一晩(以上)寝かせ、当日ゆっくり読み直すと、意外なほど多くの誤字脱字や論理矛盾等の「粗」が見えてくるかもしれない。それを除去することでよりよいレポートとすることができる。

(3) 法学部における「試験問題」の解き方
(a) 試験において求められるもの

　授業に出て、教科書も読んでいるのに、いざ試験となった段階で、問題の解き方がわからないと頭を抱える人は少なくない。最近は具体的な事例問題に即した試験の解き方に関する良書も増えており[29]、また、出題者たる教員から指導がある場合にはその指導に従うべきだが、以下、筆者の私見を述べる。

　多くの法律科目の試験においては、担当教員として、その授業で

---

28) ただし、締切りの前日に「レポートってどうやって書けばいいのですか？」とか「テーマが思い浮かびません」といった質問をした場合、その質問が仮に数か月前に行っていれば丁寧に回答されたようなものであっても、「締切りの前日まで何をしていたのか？」といった疑問を持たれてしまう可能性は高い。

29) 岩川隆嗣ほか『民法演習　はじめて解いてみる16問』(有斐閣、2024年)等が挙げられるだろう。

強調して伝えた，「『この授業を受けた』といえるためには最低限この点は理解しておいてほしい」というポイントについて学生が本当に理解しているかを（一行問題等〔(j)参照〕もあるが）事例形式で問おうとしている30)。そこで，答案を書く際においては「自分は（当該科目の）法律の基礎的な内容をきちんと理解しているのだ」ということを読み手である担当教員に伝えることが重要である31)。

　典型的な事例問題においては，具体的な悩ましい事例が与えられる。ここで「悩ましい」というのは，法律の条文そのままでは解決しないという意味である。そこで解釈論を使ってその法律の条文の解釈を示し，具体的事案に当てはめてこれを解決することとなる。そこで答案の中で，このような思考過程をきれいに示すことが重要である。そのような目的を達成するため，どの条文を問題とするのか（(d)参照），なぜ解釈が必要かを明らかにし（(e)，(f)参照），法的三段論法（1(3)参照）に基づき結論を導き出す（(g)〜(i)参照）という手順で答案を作成することになる。人によってはこれを「問題提起→規範とその解釈→当てはめ」と呼んだりする。

　例えば，上記（2(4)参照）で民法641条を説明する際に利用した事例0-1を少し変更した，以下の事例0-4を考えてみよう。

---

30) 予備試験や司法試験であればもう少し高いレベルの出題意図も含まれるが，基礎知識の理解を確実に示すことができること（例えば基本的な制度に関して大きな誤解をしていることを示してしまうような記述をしないこと）が合格の大前提である。

31) なお，事例問題を解く際は「誘導に乗る」ことが重要である。例えば問題文に，括弧書やただし書で「〜ではないものとする」といった記載が含まれることがある。これは，「このような方向で議論することは求めていない」という誘導である。また，積極的に「〜という観点を踏まえて」などとして，回答の方向性が示唆されることもある。事例0-4を初学者に出題するのであれば「本件において実際にBが被った損害額がいくらかまで計算する必要はないものの，2億円という主張が正当かという点についても検討するように」といった誘導があるかもしれない。

事例0-4：請負人Ｂは，注文者Ａから１億円で家の建築を請け負ったところ，完成前にＡがこの契約の解除を主張した。Ｂは，「解除は認められない，もしＡとの契約を締結しなければＣからの２億円の仕事を請け負うことができていたところ，Ａとの契約があったので２億円の仕事ができなくなった。もし契約を解除するなら２億円の損害を賠償するべきだ」と主張している。この場合のAB間の法律関係[32]を論ぜよ。

(b) 答案構成プロセスと筆記プロセス

　問題を読んでうんうんうなるけれども，考えがうまくまとまらず，また，せっかく何かよい考えが浮かんでもそれを答案上に明晰に記述することができない学生が多い。試験には時間制限があり，焦っている間に刻一刻と時間が過ぎていく。最初から答案を書き出そうとしてもうまくいかない。時間が限られているからこそ，むしろ，まずは問題用紙の余白等にメモをしながら考えをまとめる答案構成を行い，その後で答案用紙に筆記しよう[33]。

　答案構成プロセスにおいては，以下（(c)～(i)参照）で述べる「答案完成に向けた一連の過程」を頭の中に浮かべた上で，〈実際の筆記プロセスで悩まないで済む程度の詳細さはあるが，同時に筆記をする時間が残る程度〉の答案構成メモを作ろう。事例0-4であれば，((c)以下で解説するとおり，) 以下のような答案構成が考えられる。

```
A―注文→B
完成前解除主張（641）
損害額は１億を超えない
→履行された場合の請負人の利益確保の趣旨
```

---

[32] 民事法における「法律関係」というのは誰が誰に対して（この場合は AB 間で）どのような請求をする権利があるかということである。

[33] 時間配分は答案を書く速さが人それぞれであることから一概にはいえないが，おおむね試験時間の２割から２割５分程度を答案構成，７割５分から８割程度を筆記に使えばよいのではなかろうか。

事前に過去問を時間を測って解き，その際に答案構成にどの程度の時間がかかるか，筆記にどの程度の時間がかかるかを把握した上で，試験当日に最適な時間配分を実現できるようにしよう。

(c) **事案の正確な理解**

まず，事案を正確に把握することが重要である。短い事例であればともかく，一定以上の長さの事例であれば，図[34]や時系列表[35]の作成等をすることで，問題を正確に理解することができよう。

(d) **条文の特定**

(条文ではなく，例えば解釈上導き出された法理の場合もゼロではないが) 多くの場合は当該事例に関係する条文が存在する。複数の条文が関係したり，(例えば前述〔3(4)(b)参照〕のパンデクテン方式のために) 関係条文がいろいろなところに分散していたりすることもあるが，その中で関係条文を適切に特定する必要がある。

上記事例では，〈請負人 (B) が仕事を完成しない間は，注文者 (A) は，いつでも損害を賠償して契約の解除をすることができる〉とした民法 641 条が関係条文として特定される (2(4)参照)。

(e) **条文の文言への形式的当てはめ**

このようにして特定した関係条文の文言 (要件) に対し，その事案の事実関係を形式的に当てはめてみよう。一部は簡単に当てはまるだろう。ただ，うまく当てはまらないことがある。

例えば民法 641 条に当てはめてみると，請負契約が存在し，まだ未完成 (「仕事を完成しない間」) なので，注文者 A は損害を賠償すれ

---

34) 上の答案構成にあるような取引の関係を示す図に加え，親族関係が問題となる場合には，親族関係を図にすることもある。
35) 下のような時系列を示す表 (箇条書き) のことである。
  2020 年 1 月 1 日　契約締結
  同年 2 月 1 日　履行期 (支払なし)
  2025 年 3 月 1 日　支払を求める通知書
  同年 6 月 1 日　訴訟提起

ば解除できるという部分まではすんなりと当てはめられるだろう。

しかし今回，Bが請求する2億円が，Aとして賠償すべき「損害」なのか，ここはすんなりとは当てはまらないだろう。

(f) **条文の文言に当てはめる上での悩み（論点）の明示（問題提起）**

まさにこの，条文の文言に当てはめる上で悩みが出てくる部分が論点であり，その悩みを問題提起として示すことになる。

つまり，「解除しなくてもBが得られる報酬は1億円なのに，それ以上のものを損害賠償として得られるのか」という点が悩みどころであって，この点を検討すべき問題として示せばよい。

(g) **解釈を通じた条文の正しい解釈（規範・大前提）の明示**

例えば完成前の解除を認めた民法641条の趣旨を〈(注文者が必要としない仕事を継続させることは無意味であって，経済的合理性もないことに加え，) その契約が履行された場合に請負人が得られる利益と同じ利益を補償すれば，請負人に不利益はないとして認められたもの〉と考えることができるだろう[36]。

もしそのような立場を採用すれば，履行された場合の利益と解除された場合の利益を比較してその差額を賠償すればよく，履行された場合に得られる利益を超える利益を賠償する必要はない（注文者Aは1億円から，請負人が支出を免れた資材の費用等を除いた額を請負人Bに賠償すれば足りる）という解釈が導かれるだろう[37]。

(h) **事実関係（小前提）の抜き書きと，その事実がなぜ上記規範に当てはまるのか／当てはまらないのかの説明（評価）**

大前提（規範）を示したら，法的三段論法に照らし，事実（小前提）を示すことになる。

---

36) 山本豊編集『新注釈民法(14)』(有斐閣，2018年) 225頁［笠井修］。
37) 同上229頁参照。なお，幾代通＝広中俊雄編集『新版注釈民法(16)』(有斐閣，2010年) 178頁［打田畯一＝生熊長幸］も参照。

上記事例の場合，請負人Bにより，2億円の損害が主張されていること，それは履行された場合（1億円）よりも多額であることを指摘し（評価），だから損害の範囲を超えると議論することになる。

(i) **端的な結論の明示**

三段論法に基づき当てはめた結果を示す。今回は，Bは2億円を請求することができないということになるだろう。

以上をまとめると，以下のような答案が考えられるだろう。

> 1 本件においては，請負人Bが仕事を完成しない間に，注文者Aが請負契約を解除している。よって，解除は有効で，BはAに対して損害の賠償を請求することができる（民法641条）。
>   ここで，Bは2億円を損害として請求しているところ，この請求は認められるか。同条の「損害」の意義を以下で検討する。
> 2 同条の損害賠償の趣旨は，注文者側の事情による解除であることから，請負人に，仕事が完成した場合に得られる利益状態を実現することである。そこで，「損害」として賠償の対象となるのは，仕事が完成した場合に得られる利益や，注文した材料費等であって，その仕事を請け負わなかった場合の利益は含まれないと考える。また，「損害」の金額についても，完成した場合に得られる報酬額が上限と考える。
> 3 本件においてBの主張する2億円という損害額は報酬額（1億円）を超えており，また，損害の内容も，他の仕事を請け負った場合の利益である。そこで，金額面においても，損害の内容面においても，同条に基づき請求できる損害額ではない。
> 4 よって，AB間の請負契約解除に伴う，BのAに対する2億円の請求は認められず，あくまでも，最大1億円の範囲内で，BはAとの請負契約の利益相当額や注文した材料費等を請求できるに過ぎない。
>
> 以上

(j) **一行問題等**

法学部ではいわゆる「一行問題」として，例えば，「即時取得について論じなさい」といった問題が出されることもある。ただ，こ

のような問題については，基本的には授業で習った内容を試験時間内にわかりやすく要約すればよい。その場合には，時間と紙幅を踏まえ，どのように要約するべきかを考える必要があるだろう。

なお，多人数が受講することが想定されている科目では，共通テストのような多肢択一式の問題が出題されることもあり，また，司法試験や予備試験等の資格試験でも択一式試験がある。このような択一式の問題の対策としては，基本的な知識を確実にすることで，「この選択肢は確実に正しい」「この選択肢は確実に間違っている」といえる選択肢を増やすことが重要である。そのような消去法で肢を消していくと，最後に残ったものが正解となる[38]。

Column　わかりやすい，だけでいいのか？

大学での学びの1つに「わかりやすいだけではいけない」というものがある。世の中には，わかりやすい簡略化や二項対立構造等があふれている。そのような「わかったつもり」にさせる情報が氾濫する中，わかりやすさを求めたくなる学生の気持ちも十分に理解できる。

とはいえ，世の中はそこまで単純ではない。原則・例外（3(3)参照）を理解しなければならないのは世の中の複雑性の現れである。また，同じ条文の解釈について複数の可能性があり，学説が分かれることも多く見られる。大学の授業では「本当にあなたはわかっているのですか？」と，多くの学生がわかっていると「錯覚」をしている事柄について，本当に理解しているかと問いかけられるようなこともあるだろう。ぜひ，わかりやすいだけではない，大学の学問の奥深さを楽しんでいただきたい。

とはいえ，そのことと，「原則から順番に，典型例で理解して体系的に基礎を身につけよう」（3(2)(3)(4)参照）という話は矛盾するものではない。基本七法の基本的内容とその解釈に関する知識は，法律家コミュニティー[39]の「共通言語」といえる。ぜひ本書および各科目の受講

---

[38] 例えば，ABCD から正しいものを組み合わせた選択肢を選ぶ問題において，選択肢が［ア AB　イ BC　ウ CD　エ AD］である場合に，「絶対に A と D が間違っている」と判断できるだけの確実な知識があれば，ア，ウ，エは正答とはならないので，イを選ぶべきことになる。

を通じて共通言語を理解していただきたい。その上で「応用」として，上記の〈わかりやすいだけではない話〉を楽しんでいただきたい。

---

39) 学者，法曹だけではなく，法学部卒業生や，法学部でなくても法学を学んだ者等が広く含まれる。

第1章
法学のポイント

1 はじめに

既に序章で，法解釈学とは何かということや法解釈の学び方に関係する話は一定程度立ち入っている。そこで，各科目の鳥瞰に入る前の本章では，総論的な法学のポイントを解説していく。具体的には，2で，法とは何かについて，3では法解釈を実際に行っていく上での課題について，4では判例について，そして5ではキャリアについて述べていく。

2 法とは何か

(1) 法学の対象たる「法」

法学は「法」を対象とする学問である。ここでいう「法」の典型例は法律ではあるものの，法律に限られない。

あらためて法とは何か，と問われると，例えば，日本国憲法，民法，刑法，商法，民事訴訟法，刑事訴訟法という六法を思い出したり，これに加えて行政法を思い出す人は多いだろう。しかし，それはあくまでも法学が扱う様々な対象の一部に過ぎない。法学入門では「法源論」と称して解説されるが，以下のとおり，概ね制定法，慣習法，判例法および条理が法学の取り扱う対象だとされる。

制定法は，国家や自治体等が制定したルールであり，憲法[1]，

法律（国会が制定），政令（内閣が制定），省令（各省庁が制定），条例（自治体が制定）等に分類される。一般には，憲法，民法，刑法，民事訴訟法，刑事訴訟法，商法（会社法）を六法と呼ぶ。これに加えて，行政法を合わせて基本七法と呼ぶことがある[2]。民法，商法等の民事関係を規律する法令を私法，そして憲法，行政法，刑法等の公的関係を規律する法令を広義の公法と呼ぶ。公法のうち国家の刑罰権に関する法を刑事法と呼ぶ[3]。以上の全体を総称して「法令」と呼ぶこともある[4]。これらのうち，大学の学部の授業で扱うものは「ポケット六法」等のハンディな六法に掲載されているので，ぜひ各授業に六法を持ち込み，こまめに参照しよう。

慣習法は社会の実践的慣行を基礎として法的効力を持つ不文法[5]といわれる。もちろん，世の中には様々な慣習・慣行として特定の場合には特定の対応をするという事実が継続・蓄積している。例えば，みなさんの大学には「この大学法学部の1年生は（必修ではないが）みんなこの科目を履修する」といった慣習があるかもしれない。しかし，単なる事実の蓄積を慣習「法」と呼ぶことはできない。加えて，社会のメンバーがそれを「法」であると考えるようになったものが慣習法である。民法92条[6]は（強行規定〔第2章2

---

1) 憲法は民法・刑法等の法律と異なり，より高位の法である。
2) 司法試験の論文式試験では基本七法と選択科目が出題される。
3) 田中・法学入門25頁以下。なお，民事訴訟法は訴訟手続という公的関係を規律するという意味では公法だが，私人間の関係を規律するという意味で，民法，商法とともに民事法に該当する。
4) 高橋和之ほか編集代表『法律学小辞典〔第6版〕』（有斐閣，2025年）1269頁。
5) 田中・法学入門19頁。

(3)参照〕に反しない範囲で〕民事関係に対する慣習法の適用を認める。

判例法というのは，裁判所の判断のうち先例として機能するもの[7]であるところ，「判例」そのものに制定法と全く同じ効果があると考える国では，判例は法そのものである。しかし，日本では判例そのものが法だとまでは考えられていない[8]。とはいえ，実務では判例，とりわけ最高裁判所（最高裁）の判例は極めて重要である。というのは，高等裁判所（高裁）で判例違反等の判決を下してしまうと，それが民事訴訟法・刑事訴訟法上の上告理由等として最高裁に審理を求めることができることになる。こうして判例に違反する判決が上級審による審理の過程で是正され，基本的には，最高裁の判例と同じ考えで裁判所の見解が統一される。よって，日本において判例は制定法とは効力が異なるものであるが，それでも実務上極めて重要視される。この点は後に詳論する（4参照）。

なお，世の中の道理，筋道である条理[9]については，民事事件であれば，制定法，慣習法および判例法によってはどうしても基準を見出すことができない場合に適用すべきとされる。これに対し，刑事事件では罪刑法定主義（第3章参照）が働くので，条理に依拠するのではなく，無罪を言い渡すべきとされる。

---

6) 「法令中の公の秩序に関しない規定と異なる慣習がある場合において，法律行為の当事者がその慣習による意思を有しているものと認められるときは，その慣習に従う。」
7) 田中・法学入門21頁参照。
8) 最高裁判決であっても，その事件において下級審を拘束するに過ぎない（裁判所法4条）。例えば「高裁の判断が間違っているからもう一度正しいルールに基づき再度高裁で判断せよ」，という破棄差戻し判決を最高裁が下した場合には，差戻審たる高裁の判断を拘束するが，それ以外の裁判所の判断に対し直ちに拘束性を有するものではない。
9) 田中・法学入門24頁。

(2) 要件・効果

法律は要件・効果を規定している。民法555条を読んでみよう。

> (売買)
> 第555条　売買は，当事者の一方がある財産権を相手方に移転することを約し，相手方がこれに対してその代金を支払うことを約することによって，その効力を生ずる。

この条文には，以下のとおり，売買契約に基づく請求権発生に関する要件と効果が記載されている。

> **要件**：売買契約締結
> **効果**：①売主が代金請求権を得る，②買主が商品（目的物）引渡請求権を得る

民法555条は，売主が商品を引き渡すと約束し，買主が代金を支払うと約束するという要件，および，当該要件が満たされた場合の効果として，当該約束に法的効力が与えられること，すなわち，売主に売買契約に基づく代金請求権が，買主に売買契約に基づく商品（目的物）引渡請求権が発生することを定めている。

このように，この要件を満たせばこのような効果が発生するという形で条文が書かれている。そして，民法等の民事法を想定すると，ここでいう「効果」の主たる内容は請求権の発生である[10]。民事法では，実務でも，試験でも，誰がどのような請求権を有するか・有しないのかが問われることが多い（序章4(3)参照）。だからこそ，関係する条文を特定し，要件該当性とそれにより発生する効果を説明できるようになる必要がある。例えば，「今回問題となるのはこの条文である，この条文の要件は①と②である。今回の事案にXX

---

10) なお，時効で請求権が「消滅」する場合等もあるので，「発生」だけではない（第2章1(1)参照）。

という事実があるところ、これは①に該当する。今回の事案にYYという事実があるところ、これは②に該当する。よって同条の効果が発生する。」といった形で説明していくことになる（試験における答案作成のプロセスは序章4(3)(c)以下を参照のこと）。

(3) 行為規範と裁判規範

法には行為規範性と裁判規範性があるといわれる。

(a) 行為規範

行為規範とは、我々一般市民や公務員といった、裁判で判断を行う裁判官「以外」に対する規範である。例えば、刑法は（異なる見解を有する学者もいるが）我々一般市民に「殺すな」（刑法199条）という規範を刑罰をもって課している。そこで、我々はこの規範を遵守して生活している。もしこの規範に反すると、刑罰が与えられる。

多くの人は裁判官ではない。そのような大多数にとって、法の意味の大部分は行為規範、つまり自分が法に従わなければならないことや、相手が法に従ってくれること（例えば、売買契約を締結したら、商品を引き渡してくれたり、代金を払ってくれたりすること）であろう。

(b) 裁判規範

これに対し、ある案件が裁判所で争われることになった際に裁判所がどのように判断するかを規律する規範、つまり裁判官に対して「このように判断せよ」と命じる規範が裁判規範である。

例えば、ある裁判官が殺人の事案を裁くことになった場合、その裁判官は目の前の被告人が殺人罪の規定（刑法199条）の定めるところの殺人行為を行っていれば殺人罪として有罪とし、相応の刑罰を与えなければならない。

そして、上記の要件と効果（(2)参照）は、この裁判規範において典型的に働く。つまり、裁判所は、要件が満たされているかを確認し、それが満たされていれば、それにより発生した効果を踏まえた

判決，例えば民事事件なら，「買主は売主に代金1000万円を払え」という判決を下す。

(c) 裁判規範と行為規範の関係

ここで，同じ刑法199条という法律の条文が行為規範としても働くし，裁判規範としても働くことに注目されたい。

また，一義的には裁判官が裁判規範としての法に拘束されるものの，例えば，訴訟以外の交渉でも「もしこの事件が裁判所に行ったら，裁判所はこのような判決を下すだろう」という裁判予測を基に，合理的な解決を模索することが多い。このように，裁判規範は裁判外においても一定以上の重要性を有する。

(4) 法と強制

法の重要な特徴として，その違反に対して，制裁が準備されており，法に従うことが強制され得るということを挙げられるだろう。例えば，上記の刑法199条に違反する（人を殺す）と，無期または5年以上の拘禁刑[11]，そして場合によっては死刑が待っている。また，例えば民事判決で命じられた代金1000万円の支払義務に違反すると，強制執行として銀行口座から1000万円が差し引かれて債権者に分配されたり，家が強制的にオークション（競売）にかけられて代金が債権者に分配されるなど，法が直接的にその代金1000万円の支払を実現させる（第5章3(5)参照）ことになる[12]。

---

11) 従前は自由を奪う刑として懲役・禁錮・拘留があり，殺人罪は「死刑又は無期若しくは5年以上の懲役」と定められていたが，刑法改正で懲役と禁錮が廃止され，拘禁刑に一本化されることとなった（2025年6月1日施行）。

12) 強制の程度が弱い場合には，それが「法」か，という観点で問い直されることがある。例えば，一般に国際公法といわれる条約等は，それに違反した場合の強制の要素が弱いため，それでも法なのかなどと問われることがあるものの，多くの学者はそれでも「法」だとする。この点については，大沼保昭『国際法：はじめて学ぶ人のための〔新

(5) 法の作られ方

法はどのように作られていくのか。上記のとおり一口に法といってもいろいろな種類があるが、最も代表的な「法律」を見ていこう。

民主主義のもとで、国民の代表たる国会議員が立法機関である国会で決議をして法律が作られていく、ここまでは中学の公民等で学んだだろう。しかし、国会議員が提出する法案は割合としては多くはなく[13]、専門性を持つ公務員が立案する内閣提出法案が多い。

> 各省庁の審議会等
> ↓
> 各省庁における法律案原案作成
> ↓
> 内閣法制局審査
> ↓
> 国会提出のための閣議決定
> ↓
> 国会における審議
> ↓
> 法律の成立
> ↓
> 法律の公布

内閣提出法案を想定した、法律制定の流れは、図の通りである。

まず、各省庁で有識者による審議会(法制審議会〔法務省〕、労働政策審議会〔厚生労働省〕)等が開催される。次に審議会報告書等の内容を踏まえながら、各省庁が法律案原案を作成する。作成された法案は、内閣法制局が、法制執務(3(3)(b)参照)にかなった用語を厳格に利用しているかとか、他の法令と矛盾がないかといった観点からレビューすることになる。その上で、閣議決定がなされ、国会での審議を経て、成立・公布へと進む[14]。

訂版)』(東信堂、2008 年) 36 頁以下参照。

13) とはいえ、議員提出法案も国会、選挙、政治資金関係等の分野で重要な役割を果たしている。茅野千江子『議員立法の実際――議員立法はどのように行われてきたか』(第一法規、2017 年)参照。

14) このような内閣(各省庁)および国会のプロセスだけではなく、与党審査というプロセスも重要である。つまり、いくら内閣(各省庁)がその政策を実現したいと考えていても、与党に首を縦に振ってもらえなければ、与党議員が大部分を占める閣議決定に至らないし、そもそも与党の支持がなければ国会で可決成立することもない。そこで、与党との調整(=与党審査)が必要となるのである。

3 法解釈を行う上での課題

(1) はじめに

序章で、既に法解釈の基礎について学んだ。少し復習してみよう。法解釈とは、最終的には目の前の事案に法を適用して問題を解決することを目的とした営為である。まず当該事案に適用される法律の条文を特定し、次に、法律の条文の意義が明確ではない部分等を特定し、それをどのように解釈するかを明らかにした上で、そのような正しい解釈に基づく条文（規範）を目の前の事案に当てはめていくことである。このような法解釈というものが、社会に出てからどのように役立つのか等も説明した（序章2参照）。

以下では、法解釈を行う上での課題とその解決方法や、法解釈を得意にするためのコツを説明したい。

(2) 解釈のツール

(a) 文言解釈・拡張解釈・類推解釈

目の前に法文が与えられた場合、どのように解釈すべきだろうか。比較的ポピュラーな解釈のツール（解釈方法）を紹介しよう[15]。

> **文理解釈**＝その言葉の使用方法や文法の規則に従った解釈。これは文言解釈とも呼ばれる。
> **拡張解釈**＝文理解釈を前提として、その可能な語義の枠内で常識的な意味よりも広げて解釈すること。例えば、「車」という概念に自動車以外にも自転車、電車等様々な車両を含めるというものは拡張解釈である[16]。
> **類推解釈**＝ある事柄を直接に規定した法令がない場合に、それと類

---

[15] 田中・法学入門177頁以下を参考にしている。
[16] 文理解釈を前提として、その可能な語義の枠内で常識的な意味よりも限定して狭く解釈する縮小解釈（制限解釈）もある。同上178頁。

> 似の性質・関係を持った事柄について規定した法令を間接的に適用すること。適用される条文の文言の語義の枠を超える点において拡張解釈と異なる。例えば、車に関する条文を飛行機に適用するというものである。

　このように複数の解釈の可能性が存在するということの意味は、同じ条文でも、異なる方法で解釈すれば、異なる結論が出てくることにある。

> **事例1-1**：「車立入り禁止」と入口に書かれている公園に、Aさんは自動車で、Bさんは自転車で、Cさんは飛行機で立ち入る。

　文言解釈からすれば、飛行機はもちろん、自転車も車（自動車）ではない、とされ、Aさんのみが立入り禁止になるかもしれない。
　拡張解釈をすると、ABは立入り禁止にできるかもしれないが、Cは難しいだろう。
　しかし、類推解釈をすれば、ABC全員を「立入り禁止」とすることができる。
　序章（2(6)参照）で、教員の説と判例や通説が異なる可能性があると述べたが、まさに同じ文言について複数の解釈があり得るからこそ、どの解釈を採用すべきか、見解が対立するのである（序章Columnも参照）。

(b) どの解釈手法を採用すればいいか？

　このような説明がされると、「一体どの解釈手法を採用すればいいのか？」と混乱してしまうかもしれない。刑法（第3章参照）においては類推解釈をしてはいけないという点を除くと、少なくとも「常にこの解釈をすべき／すべきではない」ということにはならない。つまり、文言および規制の趣旨・目的に照らし、形式的にも実

質的にも妥当な解釈を探求すべきであって、その結果として選択された解釈が、文言から外れていくと、まず拡張解釈となり、そして最後は類推解釈となる、ということである。

例えば、この規制の趣旨（序章3(5)参照）が、かつて乗り物の車輪が芝生を破壊したから制定された、ということだとすれば、車輪が使われればNGということで、（Cさんの飛行機が空を飛んでいる限り）車輪を使っているAとBのみを禁止すべきということになるかもしれない。なお、解釈論の限界については後述する（(4)参照）。

(c) 日本語として読むのではダメなのか？

人によっては、法律が日本語で書かれている以上、国語の問題として解釈すればよく、それこそが国民にとってわかりやすい、という主張をされるかもしれない。

確かに、そのような考えにも一理ある。しかし、むしろ国語と異なる解釈もあり得るところに法学の存在意義がある。つまり、法は世の中に生起する問題を適切に解決するためのものであり、その目的を達成するためには、場合によっては日本語として不自然でも妥当な結論を導くための解釈を模索することが重要とされている[17]。

(3) 条文の読み方のコツ

筆者がお勧めする条文の読み方として、序章（2(4)(b)参照）では、具体的な「当事者」を入れるということを紹介したが、以下ではそれ以外の条文の読み方のコツを紹介する。

(a) 条文と友達になる

とにかく、条文が重要である。授業には六法を持っていって、先生が授業中に条文を挙げたらそれを引く習慣をつけよう。多くの法

---

17) もちろん、常に日本語の意味と全く違うというのでは、予測可能性が害されるという批判もありうるだろうから、そのような他の利益との見合いにはなる。

学の論述式試験では、解答の際に六法の参照が可能である。参照可能ということは、「六法を引いて条文を調べながらでなければ解けない問題が出題される」ということである。みなさんの先輩の中には、〈一度も六法を引かないまま、法学の試験の日に初めて六法を引くことになったが、うまく目当ての条文を探すことができず、手間取ってしまった〉といった経験をした人もいる（「はじめに」の後悔⑧参照）。条文と友達となり、試験の際に戸惑わないよう、授業の段階から六法を引く習慣をつけよう。

(b) 法制執務用語を覚える

国会に法律案を提出する際、それが内閣提出法案（2(5)参照）であれば、内閣法制局がその法律が過去の法律と矛盾していないか、その法律の表現が法文の用語法を遵守しているかなどをチェックする。これが法制局審査であるが、その際に用いられる用語のルールが法制執務用語である。

例えば、「その他」と「その他の」では意味が異なっている。「その他」は、その前と後の語が並列的な関係にあるが、「その他の」はその前の語がその後の語の例示である。例えば、「A さん、B さんその他の学生」であれば、A さんと B さんは学生だが、「A さん、B さんその他学生」なら、A さんと B さんが学生かは不明である。

また、3つ以上をグループとする際に、「A・B」とCという形でABが小さなまとまりであることを示すため、AND関係なら「A 及び B 並びに C」、OR関係なら「A 若しくは B 又は C」と表現する。

このような基本的な法制執務用語を覚えておくと、誤解することなく、正確に法律を理解できる[18]。

なお、条文の条・項・号、本文、ただし書、柱書等についても理解をすべきである。

---

18) 法制執務・法令用語研究会『条文の読み方〔第2版〕』（有斐閣、2021年）。

> （未成年者の法律行為）
> 第5条　未成年者が法律行為をするには，その法定代理人の同意を得なければならない。ただし，単に権利を得，又は義務を免れる法律行為については，この限りでない。
> 2　前項の規定に反する法律行為は，取り消すことができる。
> 3　（以下略）

　例えば民法5条1項は本文とただし書でできている。アラビア数字「2」で始まるのが「2項」である。

> （錯誤）
> 第95条　意思表示は，次に掲げる錯誤に基づくものであって，その錯誤が法律行為の目的及び取引上の社会通念に照らして重要なものであるときは，取り消すことができる。
> 　一　意思表示に対応する意思を欠く錯誤
> 　二　表意者が法律行為の基礎とした事情についてのその認識が真実に反する錯誤
> 2　（以下略）

　民法95条1項には1号と2号がある。漢数字（一，二）が振られているのが号である。また，各号の前の「意思表示は」から「取り消すことができる。」までを柱書と呼ぶ。

(c) 括弧書を取る

　例えば行政法のうち専門・技術的なもの（税法，金融法等）では，大量に括弧がついた非常に読みにくい法令もある。これはまずは括弧のついている箇所（これを括弧書と呼ぶ）を省略してどういう条文かを読み，必要な場合にだけ括弧の中を読むのがよい。それは，括弧の中は例外（序章3(3)参照）など重要性が落ちることが多いからである[19]。なお，e-Gov法令検索ユーザーのために，括弧書に自

　19）　ただし，括弧書の中で重要な用語を定義している場合もあり，それを見落とすと意味がわからなくなるので，注意が必要である。

動で網掛けをしてくれる Chrome 拡張機能も公開されている。

(4) 解釈論の範囲と立法論

ここで，解釈論とは異なる，立法論についても触れておこう。法学においては主に法解釈論を学ぶところ，文言解釈や拡張解釈だけではなく，場合によっては類推解釈等の技法（(2)参照）を駆使しても，どうしても法律を利用して目の前の事案を適切に解決することができず，困ってしまうことがある。そのような場合に最終的には，もはや解釈では対応できず，現行法を改正したり，新しい法律を制定したりすることが必要だという結論に至ることがある。

例えば，AIの能力が向上し，リーガルテックと呼ばれるまるで弁護士のような振る舞いをするAIも開発されている。しかし，日本には弁護士法という法律があって，弁護士資格のある者しか一定の法律サービスを提供することはできない。この場合において，「弁護士法は時代遅れで，民間企業にも，AIを使った法律サービスを自由に提供させるべき」という考え方自体は（筆者はこれを採用していないものの）あり得る。しかし，少なくともそれを「解釈論」として展開することは困難である。それは，弁護士法に，弁護士（および弁護士法人）以外が一定の法律サービスを提供することを禁止すると明記されているからである。そのため，AIを使った法律サービスの提供が自由にできるようにすべき，というのは立法論であって，解釈論の枠を超えている，ということになる[20]。

このように「解釈論の枠」が存在するところ，どこまでが解釈で対応可能で，どこからが解釈の枠を超えるのか，という疑問が生じ

---

20) なお，現行の弁護士法の解釈論については，法務省大臣官房司法法制部「AI等を用いた契約書等関連業務支援サービスの提供と弁護士法第72条との関係について」(https://www.moj.go.jp/content/001400675.pdf) を参照。

るだろう。解釈論の枠組みとしては形式と実質が重要である。

　形式というのは条文の文言のことである。特に刑法では罪刑法定主義（第3章参照）から，法律がどのような行為を犯罪と規定したか，というその文言が重要である。学者の論争の中でも，反対説の解釈について「確かに傾聴に値する考えだが，現行法の条文に照らすと解釈論の枠を超え，立法論となっている」と批判をすることがある。これは反対説が主張する「解決」が，（法改正をして実現するのであればともかく，）現在の条文の文言の解釈として可能な範囲を超えていることから，反対説がそれを解釈論として主張するのは妥当でない（その結論を導きたければ法改正すべき）ということである。

　実質とは，主に法の趣旨・目的である（序章3(5)参照）。すなわち，そもそも条文が言葉足らずだったり，法律制定後長い年月が経過して法律制定時に想定していなかった事態が生じたりすると，法律の文言をそのまま当てはめただけでは適切な解決が得られない場合もある。しかし，特に民事法ではその法律がもともとどのような利害を調整しようとして制定されたのかという趣旨・目的に照らし，実質的に妥当な解釈を探るべきとされる[21]。

　まずは，このような解釈論の枠の範囲で解釈論を展開することを模索し，それではどうしても適切な利害の調整が不可能であれば，最後は立法論を検討することになる（なお，試験においては通常，立法論を展開することは求められていない。）。

(5) 法の解釈に関するその他の事項

(a) 一般法と特別法

　民法は民事関係の権利義務を定める一般法である。これに対し，商法は主に商人間の権利義務関係を定める特別法である。特別法は

---

21) 刑法では，趣旨からは処罰すべき事柄でも，法文の記載から読み取れない以上，罪刑法定主義から，無罪とせざるを得ない場合もある。

一般法に優先する（一般法にも特別法にも同じ事項に関する規定がある場合は，特別法が適用される）が，特別法に規定がなければ一般法が適用される。そこで，商法が適用されるビジネス上の取引については，商法に規定があれば当該規定が（民法の規定に優先して）適用されるが，規定がなければ民法が適用される。

(b) 一般条項

社会が複雑で，ある問題のために設けられたルールが，必ずしも目の前の問題を規律できないことがある。このような場合には，一般条項が効いてくる。例えば民法上の信義則（民法1条2項）や権利濫用条項（民法1条3項）である。これらは抽象的で漠然としている。信義誠実に従って行動せよとか権利を濫用してはいけないといわれれば，それ自体は理解できるだろうが，具体的場面でこれらがどう働くかはわかりにくい。しかし，例えば民法なら民法が個々の場面に応じて準備している個別的規律では適切に解決できない場合，まさにこれらの一般条項に依拠して解決することになる[22]。

(6) 法的三段論法と法の解釈・適用

(a) 法的三段論法と答案の書き方（解釈）の関係

序章（1(3)参照）では法的三段論法について述べた。法的三段論法（規範→事実→結論）が法の解釈適用だ，と考えると，論述式試験の答案の書き方（序章4(3)(a)参照）の「問題提起→規範とその解釈→当てはめ」との関係がわからなくなる人がいるかもしれない。

まず，答案の書き方の「問題提起」というのは解釈を行うべき部分を特定するものである。例えば，序章（4(3)(a)参照）の事例0-4

---

22) ただし，多くの場合，民法の準備している規律（例えば序章の事例0-4なら民法641条，事例0-2なら民法192条）の適切な解釈による解決が可能である。そこで，試験においては，目の前の事案に適用されるべき条項とその適切な解釈をまずは検討すべきであり，それを忘れて一般条項に飛びついてはならない。

法的三段論法と論述式試験の答案の書き方の関係

法的三段論法	答案の書き方
	問題提起（解釈を行うべき部分を特定する）
規範（もし要件Aが満たされれば効果Bが発生する）	**規範とその解釈**（なぜその条文上〔効果Bを導き出すための〕規範がAだといえるのかを法解釈を行って説明）
事実（本件における具体的事実CはAである）	**当てはめ**（左記の事実が上記で明らかにした規範に当てはまる／当てはまらないことを論理を追いながら説明）
結論（よって本件では効果B〔例えば請求権〕が発生する）	**結論**（上記当てはめの論理的結論。ただし，全ての要件について充足しなければ，効果〔例えば請求権〕は発生しない）

（請負の事例）であれば，民法641条のいう「請負契約において仕事が完成する前であること」という規範に，当該事例の事実はスルスルと当てはまる。そこで当該部分については特に問題提起は不要である。しかし賠償すべき「損害」については文言が素直に事案に当てはまらない以上，法解釈を行うべきであり，そこで当該損害の意義について問題提起を行うべきである。

また，「規範とその解釈」というのが，まさに法的三段論法の大前提たる規範の内容を明らかにする行為で，その上で，「問題文の事実を提示して当てはめて結論を出す」というのが，法的三段論法における「事実を提示し，上記規範に当てはめて結論を出す」ということだと説明できる（表参照)[23]。

---

23) 興津征雄教授のnote（https://note.com/yukio_okitsu/n/nd54bae8fdfa8）において，行政法を例にとった論理的な議論の例が挙げられており，参考になる。

(b) 評価して当てはめる

規範を明らかにすることで，法律が定める（例えば請求権が発生するなど，特定の効果を導くための）要件（2(2)参照）が明らかになる。そして，その要件が問題文の事実とぴったり一緒であれば，端的に要件に当てはまる事実があるといえばよい。

しかし，実際には，要件と問題文の事実が，少しズレていることがある。例えば，論ずべき要件が「無過失」であれば，（事例0-2〔序章2(4)(b)参照〕を改変した）問題文に，以下のような事実が挙げられているかもしれない。

> **事例1-2**：Aはその所有する黄金の茶碗（以下「本件茶碗」という）をBに貸した。買主Cは，Bの経営する骨董品店で，店頭に並べられていた本件茶碗をBから購入した。本件茶碗自体やその箱に特に所有者の名前等は記載されていなかった。購入の際にCはBに本件茶碗がBの所有物であるかを尋ねなかった。

このような場合において，学生は，例えば「CはBに本件茶碗がBの所有物であるかを尋ねていないから過失がある」とか，「CはBの経営する骨董品店で，店頭に並べられていた，特に茶碗自体やその箱に所有者の名前等が記載されていない本件茶碗を購入したから無過失だ」といった答案を書きがちである。

ただ，それはどちらも問題文の事情を単にコピー＆ペーストしてきただけで，説得的ではない。そうではなく，その事実が法的に（つまり，解釈によって明らかにした規範との関係で）どのように評価されるべきかを明確にすべきである。これを，〈事実を評価して当てはめる〉と呼ぶことがある。

例えば，「買主が社会通念上，取引において尽くすべき注意を尽くしているのであれば，取引安全という民法192条の趣旨から保護されるべきであり，それが同条の『過失がない』の意義である」と

いった形で規範を明らかにした上で,「同種のものを販売する店で,通常の販売方法が採用されているのであれば,社会生活上は,原則として当該商品が店主の所有物だと解されるため,所有者を確認するなどのさらなる調査を行わなくてもなお無過失である。ただし,商品に他人のネームタグが付されているなど,例外的事情があれば,その例外的事情に応じてさらなる調査を行うべき義務が発生し,かかる調査を尽くさなければ過失があるとされる場合もある」といった形で,無過失という抽象的な規範を,具体的な事案に当てはめやすいように敷衍しよう。その上で,「本件では,骨董品店という同種のものを販売する店で,店頭に並べるという通常の販売方法が採用されていた。そして,特に本件茶碗自体やその箱に所有者の名前等が記載されていない。そこで,Bに対してBの所有物であるかを尋ねていなくてもCに『過失がない』」といった形で,具体的な事情が当該規範に照らしてどのように評価されるかを明示するような当てはめを行うべきである（第2章9も参照）。

4 判例入門

(1) 判例とは何か

先例（拘束）性のある裁判所の判断が判例である[24]。先にも触れたが（序章3(3)参照），判例が「異常事態の産物」であることを強調しておきたい。

---

24) 池田真朗編著『判例学習のAtoZ』（有斐閣，2010年）11頁［山田文］。なお，中野次雄編『判例とその読み方〔三訂版〕』（有斐閣，2009年）4-9頁［中野］は判例について，特定の裁判において，裁判の理由中に示された（1回だけの判断も含む）裁判所の1つの法的判断であるが，裁判理由中の法律的判断全てではなく，そのうち先例としての力を持つものに限られるとする。青木人志『判例の読み方』（有斐閣，2017年）15-16頁も参照。

法律が想定した事態そのものが生じていれば、あまり解釈に争いはないはずである。しかし判例、特に最高裁の判決ともなれば、最高裁に行くまでに何年も経過しており、そのために当事者は双方とも大変な時間、費用そして労力を投入している。通常はそもそもトラブルが発生しないように事前に契約等でリスクをコントロールしているし、仮にトラブルが起こっても裁判にまでなることは少ない。つまり判例が生まれたということは、法律の文言そのままでは適切に解決できない異常事態が発生し、それが最高裁まで争わないといけないというかなり例外的な状況があったということである。

条文を具体的に理解すべきと述べた際に、典型例を使って理解するべきであるとした（序章2(4)(b)参照）。逆にいうと、法律の学習の際、一番最初に学ぶべきは判例ではない。それは、判例の事例は必ずしも条文が想定する典型的事案ではないからである。よって、まずは条文が想定する典型的事案を理解した上で、それとの対比で、判例がどのような異常な状況を解決しようとしているかを理解すべきである。このような点に留意した上で、いざ判例を読んでいく場合には、その判例を理解する方法として、①判例が扱った直接の問題、②その問題の解決のために提案されたルール、および③そのルールの適用として導かれた結論の3点をまず確認すべきである[25]。

(2) 判例とその射程

民事訴訟（第5章参照）では、訴える側である原告と訴えられる側である被告が、それぞれ主張を戦わせる。例えば原告にとって有利な（最高裁の）判例[26]が存在すれば、原告は当然にその判例を

---

[25] 山下純司ほか『法解釈入門〔初版〕』（有斐閣、2013年）105頁［山下］。

[26] 判例としての意義を有するかを問わず、また、最高裁のものかを問わず、広く裁判所が行った判決・決定等を「裁判例」と呼ぶ。なお、最高裁ではなく高等裁判所、地方裁判所等のものであることを強調し

指摘して「判例が存在する以上，裁判所はこれと同じ判断をすべきである」と主張するだろう。このような状況における被告の主張としては，主に3つの選択肢がある[27]。

1つ目は原告が判例を誤解しており，判例を正しく読めばそれは被告に有利な判例なのだ，という主張である。原告が弁護士を立てている場合にこのような展開となることはそこまで多くはないものの，例えば，判例が明確に「A̅と̅い̅う̅状̅況̅の̅場̅合̅に̅は̅Bという（原告に有利な）結論になる」して，条件付きで結論を示しているとしよう。そして，原告が「判例はBと言っている」と主張するものの，実際には，本件はAの事案ではないので原告に有利なBの結論は導かれないといった場合が考えられる[28]。

2つ目はその最高裁の判断自体が誤っているとして，この事案において最高裁（の大法廷）が従来の判例を変更するべき，と論じるというものである。その場合には例えば学者による意見書等を提出して議論することになるだろう。

3つ目は一見その不利な判例が目の前の事案に適用されるように見えるものの，よくよく判例の趣旨を理解すれば，実はその目の前の状況を想定した判断ではない，というものである。例えば，判例は確かに「Bという（原告に有利な）結論」を示しているが，判例の事案と目の前の事案は全く利益状況が異なるところ，判例がそのBという結論を適用することを想定している利益状況は目の前の事

て，「下級審裁判例」と呼ぶこともある。
27) これら以外にも，そもそも事実関係についての原告の主張がおかしく，正しい事実関係からすればその判例は原告に有利ではないとして証拠を提出し，正しい事実関係を裁判所に理解してもらうとか，その論点は諦めて，他の論点で戦うといった対応もあり得る。
28) これを3つ目の「射程」の問題に分類する余地もあるが，「判例が示すルールを（正確に理解した上で）そのまま適用した場合においてこちらに有利だ」というこの1つ目の事案は，本書では「射程」の問題としないこととする。

案に当てはまらないのであって、その判例を目の前の状況においては適用すべきではない、というものである。この3つ目は「判例の射程の外（射程外）」というもので、実務では、このような形で判例の射程が問題となることが多い。

(3) 判例の読み方

判例によっては、どの範囲においてその判断が当てはまるか、射程を判決文等の中で述べるものもある。ただ、文言上はそこまで明確に射程を述べていないことも多い。そうすると、判例の射程は、解釈により検討していくことになる。最高裁は、あまり詳細に理由を述べないものの、簡単な理由は付している。そこで、その理由付けというのが、それぞれの判例の「射程」、つまり、どの範囲でその判例が適用されるかの判断の参考になる。すなわち、その理由が当てはまる範囲でこの判例が適用される、というのが射程を考える上での基本的な考え方となる。また、上記（(2)参照）で判例の事案と利益状況が異なるという説明をしたように、射程を考える上では、その判例がどのような事案に対して当該判断を下したかも重要である。

このような判断の理解の際には、①原審・原々審、②個別意見、③評釈等が参考になる。

①まず、原審・原々審であり、三審制を採用する日本では、最高裁に至るまでに第一審（多くは地方裁判所）と第二審（多くは高等裁判所）の判断があるはずである。特に第一審においては詳細な事実関係が認定されていることが多い。もちろん、判決文等の中で最高裁判所が重要な事実関係を要約していることも多いが、原審・原々審の事実認定を含む判例の事案におけるより詳細で正確な事実関係に基づき、判例の射程を深掘りするアプローチが考えられる[29]。

---

29) なお、事実認定以外にも法的判断を原審・原々審と比較することで、最高裁の判断の射程を理解するということも可能である。ただし

②次は個別意見であり，最高裁では個別の最高裁判事が意見を付すことがある。個別の裁判官の意見が必ずしも裁判所の総意というわけではないものの，法廷意見（最高裁としての意見）の理解を深める上で参考になる。

③最後に評釈である。重要判例であれば，まずは「ジュリスト」という雑誌に「時の判例」として最高裁調査官[30]の解説が掲載され，「法曹時報」により詳しい調査官解説が掲載され，最後は民事・刑事の「最高裁判所判例解説」という書籍の形で出版される。これ以外に学者の評釈が，例えば「重要判例解説」という毎年刊行されるシリーズに掲載される。学習上重要な判例は「判例百選」に掲載される。判例百選の解説は2頁程と紙幅が限られているものの，学習者である読者が大づかみで理解する上では参考になるだろう。

5 法学とキャリア

(1) はじめに

本書は「キャリアにつながる」というタイトルであり，法学の知識がキャリアに活きるという趣旨で，これまで総論的な解説をしており，また次章以下でも各科目に沿った実務・キャリアとの関係を解説していく。ここでは，それぞれのキャリアごとの，科目を問わない法律の活かし方を説明することとしたい。

(2) 法 曹

法曹は，弁護士，裁判官および検察官であり，原則として司法試

　法学部生のみなさんが通常判例について学ぶとき，常に原審・原々審に遡る必要はない。ゼミやレポートの課題で特定の判例を取り上げることになったような場合に「深掘り」すればよい。

30)　最高裁判事の命を受けて，事件の審理および裁判に関して必要な調査等を行う者（裁判所法57条参照）。

験合格が必要であって，その過程で法律知識が必要である[31]。

(a) **弁護士**

弁護士であれば，予防と紛争解決の2つの場面で法律を活かす。

(i) 予 防

予防の段階は，まだ紛争が生じていない，例えば「これから取引をしたい」と相談を受けるような場面のことである。この場合には，法的リスクを含むリスクを管理するため，適切な契約書が締結できるようアドバイスする。例えば，「中古マンションを買いたいのだが，金額がかなり高いので心配だ」と個人の依頼者から相談を受けた場面を想定してみよう[32]。

この場合，依頼者が行おうとしているのは，売買契約（民法555条，2(2)参照）の締結である。民法で学ぶとおり，依頼者は買主として代金支払義務を負い，相手は売主として，マンション（目的物）引渡義務を負う。代金相応の価値のあるマンションが円滑に引き渡され，依頼者の所有物となれば，依頼者の目的が達成されるが，そうでなければ依頼者としては代金の「払い損」になる。

売買契約が書面で作成されなければ，契約を締結したかしないか，契約条件がどうなっているかについて「言った，言わない」という不毛な争いになりかねない。だからこそ，そのような状況を回避し，リスクを管理するため，契約書を作成することをアドバイスする。

また，購入するマンションがどのようなものなのかは依頼者としてきちんと確認し，納得して買う必要がある。特に中古マンションであることから，依頼者の予想以上に傷んでいるかもしれない。このような点については，売主には，民法で信義則上（民法1条2項）

---

31) 松尾・キャリアエデュケーション143頁。
32) 松尾・キャリアデザイン5頁や松尾・キャリアプランニング37頁以下では，企業法務弁護士を念頭に弁護士のリスク管理について述べてきたが，本文で説明しているように，リスク管理を行うのは企業法務弁護士に限られない。

の告知義務が一定範囲で認められるほか，宅地建物取引業者を通じて購入することで，宅地建物取引業法上，重要事項説明書を交付してもらうことができる（同法35条）。そこで，依頼者（＝買主）としては，重要事項説明書の記載を踏まえて現物を重点的に確認すべきポイントを把握した上で，そのマンションの状態を正確に理解することが重要である。また，関連する書類，例えばマンションの規約も確認すべきである。マンション管理適正化法上，マンション管理組合は内部規律を策定できる。例えば，ペットを飼う予定なのにそのマンションがペット禁止であれば，目的が達成できない。

さらに，登記は不動産所有権の対抗要件（第2章4(2)参照）である。つまり，当事者間では売買契約が有効に締結されていても，買主（依頼者）に所有権が移転したことを第三者に対抗するには登記が必要である（民法177条）。例えば，売主が他の人にも同じマンションを譲渡（二重譲渡）して，その買主が先に登記を得てしまえば，依頼者はマンションの所有者にはなれない。そこで，まずは売主が登記簿上の所有者であることを確認した上で，取引時点で「代金を支払えば確実に登記が移転すること」を確保しなければならない。実務上は，（決済といわれる）銀行の応接室等で行う一種のセレモニーにおいて司法書士の同席を求め，登記移転に必要な全ての書類がそろったことを司法書士が確認した段階でお金を振り込み，振込みが確認された段階でその書類を持って司法書士が登記するという手順を踏む。このような形で，登記を移転して，所有権を確保することができることを確認した上でお金を支払うことでリスクを管理する。

このようなリスク管理のための対応は法律に基づいて行われる。弁護士として，法律の専門知識や実務経験に基づき依頼者に対してアドバイスを行い，契約書等の書面の作成や審査を行うことになる。

(ii) 紛争解決

交渉や訴訟をして紛争を解決するのもまた弁護士の重要な仕事で

ある。例えば上記(i)のマンションの事案で、小さな地震があっただけなのに、マンションが倒壊したとしよう。そうすると、このマンションが適切な耐震性を備えておらず、問題があったのではないか、ということになる。法的には、「契約不適合」ということになる（民法562条以下）。このような場合には、売主（相手方）の責任を一定範囲で追及することができるものの、期間制限（民法566条参照）や、契約の特約による制限（第2章2(2)参照）が存在する。そこで、これらの法的な規律や本件の事実関係を基に交渉、訴訟を行うことになる。つまり、交渉を適切に行うには、前提として法的な規律の理解が不可欠である。また、訴訟についても、関連する法律の内容、本件の事実関係や証拠関係等を踏まえて法的構成を練った上で、民事訴訟法（第5章参照）という法律に即して訴訟活動を行う。

(b) **裁判官**

裁判官の中心的業務は訴訟における、法廷の主宰者としての訴訟指揮（議論の内容の交通整理や、当事者の申立てを認めるかどうかの判断[33]等）、和解、そして判決等である[34]。例えば、多くの主張や証拠が五月雨式に出されると、その対応を的確に行うことが難しくなり、訴訟が迷走しかねない。そこで、争いのない部分と争点を切り分けて、争点に絞って当事者に適時に的確な主張立証をさせる。

そしてこれらの業務において、①手続（どのように争点を整理していくか。例えば、どのような証拠をもはや時機に後れたとして提出を許さないか）および②実体（関連する法律はどのような内容で、どのような事情があるとどちらが勝つか）のいずれも、法律に基づくものである。

---

33) 例えば、当事者が住所氏名の秘匿を申し立て（民事訴訟法133条）、それに対して裁判所が判断することがある。
34) なお、合議事件では通常3人の裁判官が合議体を形成し、その合議体において審理・判断を行う。そこで、例えば、1人の裁判官が無罪だと考えても、有罪と考える他の裁判官2人を説得できなければ有罪判決を書かなければならない（裁判所法77条）。

(c) **検察官**

検察官は,捜査と公判の2つの業務を主に行う。

捜査は,警察と協力して,証拠を集め,起訴・不起訴を判断する。どの事実が証明されると何罪となるかという実体法(主に刑法)の知識は必須であるし,適正に捜査を行うためには,手続法(刑事訴訟法)の知識が必要である。

公判においても,起訴された事件について,実体法と手続法に基づき,証拠の提出や,(手続終了時における検察官の事実および法律の適用に関する意見である)論告等を行う。

(3) 法務部門

企業の法務部門は長期的リスク管理を行う[35]。ここでいうリスク管理というのは,例えば,「目の前でいくばくかの利益が得られそうだが,長期的には大きな損をするかもしれない」といったリスクや,法令に違反してペナルティを受けるリスクであって,以下に述べるとおり,法務担当者にとっても法律の知識が必要である[36]。

そもそもリスクが法律,例えば銀行法等の金融法における許認可(第8章参照)に関するものであれば,まさに専門の法律の知識が必要であり,例えば銀行と協力してビジネスを適法に行うなど,法的知識に基づきリスク低減のアドバイスをする。

また,それが直接法律に関係しなくても,例えば契約によるリスク軽減であれば,契約をどのように作成するかという形で法律と密接に関わることとなる(第2章2(2)(3)参照)。また,そのようなリスクを取るという判断が会社経営者として負う善管注意義務(第7章参照)に違反しないためのサポートをするという場合においては,

---

35) 松尾・キャリアデザイン5頁や松尾・キャリアプランニング37頁以下。
36) 松尾・キャリアエデュケーション125頁以下。

会社法に基づく検討が行われる。

　以上の対応のうち、その会社で頻繁に発生する事象に関係する法律知識は、（入社後に勉強することを含め）自社内の法務担当者が持っておくことが期待されるだろう。しかし、自社内では対応できない法律の専門知識が必要となった場合については、顧問弁護士等の外部専門家の協力を得ることが可能である[37]。

(4) 公務員

　公務員は、主に法執行と政策形成を行う[38]。

　法執行では様々な行政法（第8章参照）の規定に基づき許可を与えたり、法令違反をした企業に対して許可取消処分等を行う。

　政策形成は、新しい法律を立案したり、法改正の準備をしたりするところ、これもまた法律に関する理解が必須である。

(5) （法務部門以外の）一般企業

　企業の法務以外の部門、例えば営業部門に勤める法学部出身者も多い。そのような場合でも法学の学びは大いに役立つ。

　法学においては、①規則正しく処理する力、②法的な「ものの考え方」、そして、③周囲を説得する力などを学ぶところ、これらは社会において周囲とコミュニケーションをしながら物事を進めていく際において重要な能力である（序章2(3)(5)(6)(7)参照）。だからこそ、法学部での学びは、いわば単に単位がもらえるとか大学を卒業できるといった意味を持つにとどまらず、社会で活躍する上での基礎を身につける過程と評することができる。

---

37)　松尾・キャリアエデュケーション132頁。
38)　松尾・キャリアエデュケーション161頁以下。

(6) その他立法に関するキャリア等

その他，公共政策担当者，公共政策コンサルタント，政治家，議員秘書等の立法に関するキャリア等も法律に関連が深い重要なキャリアである[39]。

Column　法学はコツコツ積み上げるものか

　確かに法学にはコツコツ積み上げる側面がある。例えば，暗記が必須の側面が存在する（序章3(1)参照）。基本的な概念を理解し，それを実務や試験で問われた場合に法律家の言葉で表現することができるよう，当該用語を暗記するといった地道な作業を怠ってはならない。ただ，例えば民法を学ぶ場合において民法だけをコツコツ学ぼうとした学生の中には，その量が膨大なこともあって，もっと効果や効率を上げるやり方はないかと疑問を持つ人もいるかもしれない。以下が（最低限の地道な対応は行うことを前提とした）いくつかのコツである。

　まず，全体像と個別事項の関係が重要である。つまり，分厚い教科書に詳述されている個々の事項が，一体どのような体系（パンデクテン方式につき序章3(4)参照）の中でどのように位置付けられているかがわからないと，まるで地図を持たずに迷路の中をさまようような感覚となり，徒労感を感じてしまうかもしれない。だからこそ，先に全体像を鳥瞰することで，個々の項目の位置付けを理解することができ，当該項目の使い方や使い所をより正確に理解することができる。

　また，比較の視点も重要である。民法の薄い教科書を一通り読んだ後に，他の科目，例えば商法や民事訴訟法の薄い教科書も一通り読み，その上で，再度民法に戻ってくる（同じ教科書で復習する，またはより詳細な論述をする教科書に取りかかる）ことによって，特別法である商法と一般法である民法の対比であるとか，手続法である民事訴訟法と実体法である民法の対比を通じて，より深く民法を理解できよう。

　さらに，インプットとアウトプットという考え方も有用である。例えば法律の試験（資格試験，定期試験等）を受ける場合に，ずっとインプット，例えば書籍を読んだり授業を聞いているだけで，試験直前に慌ててアウトプット，例えば過去問を解くなどをしても遅いかもしれない。

---

39) 松尾・キャリアエデュケーション173頁以下。

むしろ薄い教科書を一通り読んだ後に，過去問やその他の問題演習といったアウトプットを開始し，その中で，「もっと教科書のこの部分をしっかり読まないといけない」など，何を重点的にインプットしなければならないかを学ぶといった進め方が有益なのではないか。

　加えて，今学んでいる目の前の法律以外にも広く関心を持つことが重要である。他の法律という意味では，一見関係ないようにも見えるものが複数関連することで，理解が進むこともある。例えば，知財法と会社法は一見関係ないが，いずれもインセンティブを与える（発明や創作をしたいと思わせる or 取締役が会社を一生懸命儲けさせようとする）にはどうすればいいか，という点でつながっている。また，社会で何が問題となっているか（序章4(2)参照）に関心を持つことで，実は興味深い社会問題と目の前の法律の間に意外な関係があることが判明し，より意欲的に法律を勉強することができるかもしれない。

第2章
民法入門

1 民法の学習を通じて習得したい事項

(1) 誰が誰に何を根拠に何を請求できるか

実務において民法を用いる際には、誰が誰に対して何を根拠として何を請求することができるかを踏まえて目の前の事案を解決する。

例えば、「はじめに」で述べた企業への投資事案では、被害者は被害を回復したいと考えるだろう。そして、それを実現するための民事裁判手続（第5章参照）においては、誰を相手に裁判をするのか（誰を「被告」とするか）を特定する必要があるし、何を根拠として何を請求するかもまた特定する必要がある。そして裁判所がその請求のために必要な要件が満たされていると認めてはじめて、被害回復という目的が実現する（勝訴判決を下す）[1]。

このような観点から、民法の学びを実務に活かすためには、民法の規定を基に、各案件における権利者、義務者、根拠、請求、および、要件を整理することが重要である。

この事案の被害者（権利者）は、投資先企業（義務者）に対して契約（消費貸借契約、民法587条以下）を根拠に貸金返還請求をすることができるかもしれない。投資先企業が無資力（第5章3(5)参照）で

---

[1] なお、このような検討の結果、少なくとも当該事案における当該請求については要件が満たされず、請求が認められない（敗訴判決となる）ということもあるが、それも1つの事案の解決である。

あれば，被害者は，黒幕に対して，不法行為（709条）に基づき損害賠償を請求することになるかもしれない。

そして，民法は請求権の体系であって，それぞれの条文にその請求権が発生等[2]する要件（消費貸借契約に基づく貸金返還請求の要件，不法行為に基づく損害賠償請求の要件）が規定されている[3]。そこで，当該事案においてかかる要件が満たされていれば[4]，裁判所は被害者勝訴の判決を下すことになる。

このような整理を通じて，実務および試験において目の前の事案を解決する。民法の学習はぜひ，個々の条文に何が書かれているかにとどまらず，この条文は具体的にどのような場面で，どのような請求との関係でどのような働きをするのか，という視点を持ち，事案の解決に活かすイメージを浮かべながら進めてほしい。

(2) 円滑に取引が進む場合

実務ではトラブル事案はあくまでも例外であって，有効に契約が締結され，円満に履行されることがほとんどである。だから，まずは民法の想定する正常な場合の取引の進み方を理解しておこう。

---

[2] 請求権が発生する場合の典型的なものは，契約を締結する場合である。例えば，コンビニでお茶を買う場合，買主はお茶（目的物）を引き渡すよう請求することができ，売主（コンビニ）は代金を支払うよう請求することができる。これに加え，請求権が消滅する場合があり，例えば弁済をしたり（コンビニでお茶の代金を支払う等），免除されたりする場合である。その他，変更（例えば，購入した茶碗を売主が引渡し前に割って粉々にしてしまったため，茶碗の引渡請求権が損害賠償請求権に変更される等）される場合もある。我妻栄『民法講義Ⅰ 新訂 民法総則』（岩波書店，1965年）231〜232頁参照。

[3] なお，民法に規定されていなくても，契約によって双方が合意すれば，それに基づき請求権が発生する（2(2)参照）。

[4] それが果たして満たされているのか，すなわち当該事案の事実関係において要件を充足する事実が存在するかという問題は，立証の問題として民事訴訟法（第5章参照）で別途検討する。

まず，権利能力を有する自然人（民法3条参照）または法人（34条）[5]が，意思能力を有している状況（3条の2）で，行為能力にも問題ない状況で（4条以下）（以上につき3(2)参照），自由な意思に基づき，一方の申込みを他方が承諾する形で（522条1項），内容についても自由に合意し（521条，契約自由の原則につき2(2)参照），契約を締結する。

例えば売買契約（555条）であれば，売主が目的物（商品）の所有権という財産権を買主に移転することを約束し，買主がその代金を払うことを約束して成立する（第1章2(2)参照）。

権利移転が十全に行われるようにするため，不動産の売買なら登記（177条）など，第三者との関係でも買主が所有権を主張することができるための要件（対抗要件）を充足させることが売主の義務となる（560条）。また，代金支払が買主の重要な義務である。このような双方の義務は同時に履行されることが原則となる（533条）。

義務が履行されると，債権が消滅する（473条）。例えば売主の代金引渡請求権は，代金が弁済されることで消滅する。

このように，トラブルが発生しない場合，シンプルに物事が進み，参照されるべき条文もそれほど多くない[6]。では，民法におけるこれら以外の1000以上の条文は何のためにあるのか。それは，トラブル対応，つまり取引が円滑に進まない場合の対応のためである。

---

5) 法人の場合，法人そのものの意思能力は問題とならないし，法人がどこまでの行為をすることができるかを法人の行為能力と呼ぶことはあるものの，これは自然人の行為能力とは異なる概念である（山本敬三『民法講義I 総則〔第3版〕』（有斐閣，2011年）485頁参照）。

6) 後述（9(2)参照）の解答例では，当事者が権利能力を有する自然人（民法3条参照）であることなど，「当たり前」のことはわざわざ記述していない。試験において，権利能力，意思能力，行為能力などは，それが当該事案で問題となっていない限り，特に触れないで解答を書き進めてよいことが多い（むしろ問題となっていない点を長々と記述することは出題意図に反することとなる）。

> 第1編　総則（3参照）
> 第2編　物権（4参照）
> 第3編　債権
> 　第1章　債権総則（5参照）
> 　第2章　契約
> 　　第1節　総則（6(1)参照）
> 　　第2節　贈与（6(2)参照）
> 　　第3節　売買（6(3)参照）
> 　　（略）
> 　第3章　事務管理（7(3)参照）
> 　第4章　不当利得（7(2)参照）
> 　第5章　不法行為（7(1)参照）
> 第4編　親族（8(1)参照）
> 第5編　相続（8(2)参照）

だからこそ，パンデクテン方式の民法の体系（2(1)参照）を先に理解した上で，まずは原則を把握することが重要である。そして学習を進める中で，「今勉強しているのは，この場面で例外的な状況が生じた場合に備えた規定なのだな」などと，当該箇所の「全体における位置付け」を認識することが理解の早道となる（序章3(3)参照）。

2　民法の基本原則と解釈上の特徴

(1)　パンデクテン体系

民法においては，共通部分を前に括り出すパンデクテン体系（序章3(4)参照）と呼ばれる条文の列挙方法を採用している（図参照）。契約に関する事項のうち，「殺人を依頼する契約は無効（公序良俗，90条）」であることは民法総則（3参照）という冒頭部分に，代金支払確保のための買主の「（相手が契約を履行しない場合の）損害賠償（415条）」は債権総則（5参照）に，「（相手が契約を履行しない場合の）契約の解除（540条以下）」は契約総則（6(1)参照）に，個別の契約類

型，例えば売買契約であれば売買契約特有の条項（555条以下）は契約各論（6(3)参照）に規定されている。民法を学ぶ際には，それぞれの事項の体系上の位置付けを意識し，その事案で問題となっている内容がどこにあるかを探せるようにすべきである。

(2) 契約自由の原則

民法の原則として権利能力平等，私的自治および所有権絶対の原則が挙げられることがあるが，実務上も極めて重要なのは私的自治から導き出される契約自由の原則である。

すなわち，契約を締結するか（521条1項）や契約の内容をどうするか（同条2項）については，当事者（例えば売買契約なら売主と買主）が自由に決定することができ，双方が特定の内容に合意すればそれが契約の内容となり，双方を拘束する。

民法には多くの条項が含まれているものの，契約に関する限り，そのほとんどは，当事者が特段の合意をしない場合に適用される（任意規定)[7]。例えば売買契約を締結する場合に，商品と代金は同時に渡そう（同時履行）ということが民法で定められている（533条）が，当事者が先に代金を払う（先払い）と合意（特約）すればその合意が優先される。だからこそ実務では，例えば売主が代金支払を確保するため，先払いについて合意し，そのような合意をした旨を契約書という書面に記録する。

(3) 強行規定

上記（(2)参照）のとおり，民法の契約に関する条文には任意規定が圧倒的に多い。ただし，一部にはそうではない，当事者間の合意では上書きすることができない強行規定（強行法規）もある。例え

---

7) 第91条　法律行為の当事者が法令中の公の秩序に関しない規定と異なる意思を表示したときは，その意思に従う。

ば公序良俗（90条）[8]であり、いくら当事者双方が「殺人をしてもらい、それに対してお金を払う」と真意で合意しても、それは認められない（無効となる）。このような強行規定は、原則と例外（序章3(3)参照）における例外に属することから、契約に関する限り、授業で特にそれが強行規定である旨（つまり、当事者の合意にかかわらず適用され、または当事者の合意を上書きする形で適用される旨）が強調されなければ、任意規定と考えて概ね問題ないだろう。

(4) 契約の有無と請求権の根拠

上記（(1)参照）のとおり、実務または試験において事案を解決するためには何が請求権の根拠となるかが問題となる（表参照）。契約が存在すれば契約上の請求権を主張できることから、まずは契約に基づく（契約で合意した内容に基づく、または、当該契約に当てはまる民法の任意規定〔(2)参照〕に基づく）請求を検討するべきである。そして、契約関係にある場合はもちろん、契約がなくても、物権・人格権、不法行為、事務管理および不当利得に基づく請求をすることができることから、目の前の事案において契約がない場合に発生する請求権が発生しそうかについてもあわせて検討しておこう。

契約の有無に応じた請求権の根拠

契約がある場合	契約がない場合
契約	×
物権・人格権（4参照）	
不法行為（7(1)参照）	
不当利得（7(2)参照）	
事務管理（7(3)参照）	

---

[8] 第90条 公の秩序又は善良の風俗に反する法律行為は、無効とする。

3 総則

(1) はじめに

民法総則には，人（法人を含む，以下同じ）に関する規定，物に関する規定，法律行為に関する規定，期間に関する規定および時効に関する規定が置かれる。ここで，民法の特に総則に多く規定される「法律行為」は実務上，そのほとんどが「契約」であることから，契約をイメージして条文を読むと理解が進むだろう[9]。

(2) 人に関する規定

人に関する規定としては，権利能力（出生以降，自然人が権利義務の主体となること，民法3条参照），意思能力（自分の行為の意味がわかっていないならば契約等は無効であること，3条の2）および行為能力（未成年者，成年被後見人，被保佐人，被補助人の行為について一定の場合に取り消し得ること，4条以下）等が規定されている（序章3(6)参照）。

(3) 物に関する規定

物に関する規定としては動産と不動産の違いが重要である。それは，民法においては，類似した状況であっても，それが動産なのか不動産なのかで結論が変わることがあるからである。例えば，動産であれば無権限者（例えば，その本を借りただけの人）から譲渡を受けた人が一定の場合にその動産の所有者になることができる（即時取得，民法192条。序章2(4)(a)参照）が，不動産の場合には無権限者から譲渡を受けても原則として権利を取得することはできない。

---

9) 厳密には，契約以外にも単独行為や合同行為といったものも法律行為に含まれる。

(4) 法律行為に関する規定

まず, 公序良俗 (民法 90 条) が重要であり, 殺人依頼契約等は無効となる。次に, 意思表示について, 例えば, 契約締結の際に錯誤や詐欺等の問題が発生し得るところ, どのような場合にそれを取り消すことができるかなどについて規定がされている (93条以下)[10]。

(5) 期間に関する規定

期間というのは, 例えば, 売買契約でいつまでに商品を納品すればいいか (納期) 等に関係する。ここでは, 初日不算入の原則といって, 期間を計算する際にその期間の初日を算入しないことが重要である[11]。つまり, 納品までの期間が 1 日であれば, それは当日中という意味ではなく翌日ということになる。

(6) 時効に関する規定

時効は, 消滅時効と取得時効に分類される。

例えば契約上の債務について, 行使することができることを知った時から 5 年 (民法 166 条 1 項 1 号) または行使できる時から 10 年 (166 条 1 項 2 号) の間履行しないと消滅する (消滅時効)[12]。つまり, 長期間売買代金や貸金の返還を請求しないままでいると, 買主・借主は既に時効により債務は消滅したから支払わないと主張 (援用, 145 条) することができる。実務では, 時効期間を念頭に置きなが

---

10) どのような問題があるかによって無効 (はじめから効力が発生しない) なのか取消し可能 (取消しを行ってはじめて初めから無効とみなされる, 121 条) なのかが変わる。また, 原則・例外 (序章 3(3)参照) のいずれとなるかで結論が変わる。

11) 第 140 条 (本文) 日, 週, 月又は年によって期間を定めたときは, 期間の初日は, 算入しない。

12) 166 条 1 項の定める 2 つの時効期間のうち, 実務上は 1 号の 5 年が適用されることが多い。それは, 行使をすることができる権利を有しているもののそれを知らない, という状況が例外的だからである。

ら，債務が消滅しないよう「債権管理」を行う。つまり，請求（150条）したり，最後は裁判を起こして確定判決を得たりする（147条）。

取得時効は，他人の所有物を長期間占有した場合等に認められる。実務では，確かに購入はしたものの，古い話であるため売買の証拠が散逸してしまったなどという場合につき，「少なくとも取得時効により権利が認められる」と主張することがある。

4 物 権

(1) はじめに

対抗要件，占有権，所有権，用益物権および担保物権を学ぼう。

(2) 対抗要件

民法177条は不動産，178条は動産の（第三者）対抗要件を定める。AがBに土地や茶碗を売る（売買契約を締結する）場合，登記・引渡しがなくても契約は有効で，AB間で所有権はBに移転する。しかし，Aが同じものをC（第三者）に売ってしまう（二重譲渡）と，BがCに対して「自分のものだ」と主張したければ，Bは不動産なら登記，動産なら引渡しを受ける必要がある（第1章5(2)(a)(i)参照）。

(3) 占有権

占有権については民法において様々な内容が規定されているものの，実務上最も重要なのは即時取得（善意取得，192条）である。例えば，Aから本を借りたBが，Cにその本を売ってしまった場合，善意無過失のCはその本の所有権を得ることができる（Aが所有権を失う）（序章2(4)および後述9参照）。

実務においては，例えば債務者Bにお金がなく，代金を払えなくなった場合，「債務者の手元に価値のある物はないか？」と債権

者Cが債務者Bの手元にある様々なものを持っていく（代物弁済等）ことがある。Bに物を貸しているAとしては，混乱の中で，Aの所有物まで勝手に持っていかれて，即時取得によって所有権がCに移ったのではたまったものではない。そこで，Aとしては，明確にAの所有物であることがわかる表示[13]をするなどして，Cにおいて悪意（この意味につき序章2(4)参照）または有過失として即時取得を防ぐといった対応がなされることがある。

(4) 所有権

所有権者は，例えば建物に住む，茶碗でお茶を飲むといった所有物の使用収益の価値と，その建物や茶碗を売って現金に換えることができるという金銭的価値の双方を把握している。このような所有権を第三者に主張（対抗）するための要件については，(2)を参照のこと。また，共有，つまり複数人で同じものを所有する場合の規律も重要である（民法249条以下）。

(5) 用益物権

所有権者の把握する上記2つの価値のうち，使用収益の価値を他人が把握することを認めるのが用益物権である（民法265条以下）。例えば地上権（265条）は，土地を使用し，使用収益の価値を享受することができる権利である。ある土地の所有権者Aが地上権者Bに地上権を設定すると，Bはその土地の上に建物を建てるなど，当該土地の使用収益を行うことができる。賃貸借契約と類似していることから，その関係を意識して学習しよう（6(4)参照）。

---

13) 例えば高価な機械を貸す場合，簡単に外れないような金属製プレートを貼り付け，そこに所有者名を記載することなど。

(6) 担保物権

　前記の所有権の把握する価値のうちの金銭的価値を把握するのが担保物権である。お金を貸す際に「担保」として不動産を抵当に入れてもらうといった話を聞いたことがあるかもしれない。なぜ担保を取るのだろうか。それは、仮に借主が他の人からもお金を借りていて、その借金の合計額が借主の資産の額を超えたため、借金を返せなくなったという場合、原則として、その資産を多数の貸主が平等に分け合って貸金を回収することになるからである（債権者平等の原則）。平等というのは聞こえがよいが、例えば、借金総額が1億円で、資産が5000万円であれば、自分が貸したお金の半分しか返ってこない（残りは損失になる）。そこで、貸金の返済をより確実にするため、担保を取るのである。

　担保は、その担保の対象となる不動産や動産の金銭的価値を貸金返済や売買代金支払のために優先的に用いることができる。そのような優先回収の権利が担保物権である[14]。例えば、「もしお金を払わなければあなたの所有物を返しません」とか「もしお金を払わなければあなたの所有物を売って、そこから優先的に回収します」という権利が担保物権である。

　担保物権は、合意がなくても当然に留置でき（留置権）、または優先弁済（先取特権）を受けることができるものと、合意により設定するもの（抵当権、質権）に分かれる。また、質権は占有を質権者に移転する必要がある（質屋にお金を返すまで、質屋に預ける）が、抵当権は所有権者（設定者）が引き続き占有を続けることができる。

　実務上、貸金返済や代金支払を確保するためには、保証（5(4)参照）も有効である。そこで、債権者は保証や担保物権のうちそのシチュエーションで最適なものを選択することとなる。例えば、借主

---

14) 道垣内弘人『担保物権法　現代民法3〔第4版〕』（有斐閣、2017年）1-3頁。

担保物権の分類

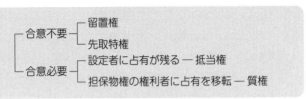

が担保物権を設定するに相応しい資産を有していなければ，保証人を立ててもらうことがよいかもしれない。

(7) 人格権

名誉権やプライバシーについては，それを侵害する行為について差止めを認めるべきとされる。物権と同様，人格も不可侵であり，人格に由来する権利である人格権[15]たる名誉権やプライバシー侵害についても侵害を差し止めることができる。

5 債権総則

(1) はじめに

法定利率，債務不履行責任，保証，債権譲渡，債権の消滅等が重要である。

(2) 法定利率

利息を取ると決めた場合や，債務不履行を理由とした損害賠償義務に関する遅延損害金等については，特約を定めない限り，法律が

---

[15] 人格権とは，主として生命・身体・健康・自由・名誉・プライバシーなど人格的属性を対象とし，その自由な発展のために，第三者による侵害に対し保護されなければならない諸利益の総体をいうとされる（五十嵐清『人格権法概説』（有斐閣，2003年）10頁）。

定める利率が適用される。これが法定利率である。従来は民法上一律5％だったのが変動制となった（現時点では3％）。

もし、3％という低い利率のペナルティでは相手の債務不履行を抑止できないと考えれば、契約書において、例えば、14.6％（1日あたり0.04％）等のより高い遅延損害金に合意することで、相手の債務不履行の可能性を低減することが考えられる[16]。

(3) 債務不履行責任等

前に述べたとおり（1(2)参照）、円滑に取引が進まない場合に備えて、民法が多数の条文を準備している。円滑に取引が進まない典型例として、債務不履行がある。債権者Aが債務者Bに対して債権を有していても、予定どおり代金が払われない、商品が納品されない（履行遅滞、412条）等の事態が生じる。民法は、債務不履行の種類（履行遅滞、履行不能、不完全履行）や債務不履行が発生した場合に債権者ができること（履行の強制、損害賠償等）等を規定する。

重要なのは全ての損害が賠償されるのではなく、一定範囲（相当因果関係の範囲）の損害が賠償されるに過ぎないということ（416条）である。例えば債権者Aに1億円の損害が発生しても、民法上債務者Bが賠償する義務を負うのは3000万円に過ぎないこともある。その場合、契約で特別な規定を設けることで1億円を賠償してもらえるようにすることも考えられる（賠償額の予定、420条）。逆に、債務者Bは「1000万円までしか賠償責任を負わない」という責任制限に債権者Aが合意することを求めて契約交渉をすることもある。

債権回収のために利用可能なのが債権者代位権（423条以下）[17]

---

16) このように契約条項によって相手の契約遵守の可能性を上昇させるという考え方につき、松尾・キャリアプランニング63頁以下参照。

17) 債務者Bが第三者C（第三債務者と呼ばれる）に対して債権を有しているにもかかわらず、Bが当該債権を行使しない（Cに対して支払を求めない）という場合、債権者Aが第三債務者Cに対して支払

や詐害行為取消権（424条以下）18)等である。

　なお，債務不履行を理由とする契約の解除等は，契約総則（6(1)参照）に規定されている。また，実務上は，商品等が引き渡された後に，その商品に問題（契約不適合）があるためトラブルが生じることが多いところ，この契約不適合に関する責任については，契約各論の売買契約（6(3)参照）のところに規定されている。これがパンデクテン体系の現れである（2(1)および序章3(4)参照）。

(4) 保証等

　債務者Aがその債務を履行しない場合に他の人（保証人B）がその履行する責任を負うのが保証である（民法446条1項）。債権者Cが，債務者（保証の場面では「主債務者」という）Aにお金を貸す際，債権者Cと保証人Bが保証契約を締結する。そしてもし債務者Aがお金を返せなくなった場合に，保証人Bは債権者Cに対してAの代わりにお金を返すことになる。

　確かに，貸金や代金を回収する上で，信頼できる人が代わりに返済してくれる保証は重要である（4(6)参照）。しかし，人間関係等から断れず「安易に」保証人になってしまい，巨額の支払を迫られ，苦境に陥るおそれもあるため，保証人の保護も必要である19)。

　　を請求するというものである。
 18) 債務者Bが第三者Cとの間でBの財産を低額で譲渡する契約等を締結した際に，債権者AがそのBC間の契約を取り消すことができるというものである。
 19) 保証人になってほしいという依頼の際，「絶対に迷惑をかけないから」という枕詞がつくことが多い。しかし，主債務者（上記A）が返済する可能性が高ければ金融機関等の債権者（C）は「保証人をつけないと貸さない」とは言わない。だからこそ，保証人が必要な場合というのは，金融機関等が返済されない可能性が高いと考えており，類型的に迷惑をかけられる（＝お金が返せなくなって保証人Bが代わりに返済させられる）可能性が高いことに留意が必要である。

そこで、保証には、書面（または電磁的記録）を必要とする（446条2項・3項）。契約の方式は自由で、書面がなくても口頭で有効な契約が成立する（6(1)参照）という原則に対する例外（強行規定、2(3)参照）を定めていることが重要である。書面での契約を必要とすることで、保証人に熟慮する機会を与えようとしている。

また、（連帯でない）保証人は、主債務者に弁済してもらうべきとして催告の抗弁（先に主債務者に請求すべきだ、452条）や検索の抗弁（主債務者の財産から弁済を受けるべきだ、453条）という抗弁を有する（言い分を持つ）が、実務上の保証人の大部分を占める連帯保証人は、これらの抗弁を失い、いわば主債務者と同じ地位に立つ（454条）。自分がお金を借りたわけではないのに、債権者との関係では、お金を借りた人と同じ立場に立たされるのである。

なお、連帯保証と類似するが保証ではない形で（いわば全員が主債務者として）複数人が連帯して責任を負うのが連帯債務であり、民法は連帯債務の規定を先に設けた上で、連帯保証について、連帯債務の規定を準用（序章3(4)参照）する形を取っている（458条）。

(5) 債権譲渡

民法は債権に譲渡性がある旨を謳っている（民法466条）。例えば、AがBに借金1万円を弁済する場合に、ちょうどAがCに1万円貸していたならば、AがBにそのCに対する1万円の貸金債権を譲渡し、BがCからこれを回収するという状況があり得る。

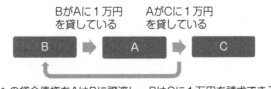

もっとも，実務上は債務者側として，勝手に債権が譲渡されて債権者が変わったり，会社の支配者が変わることで実質的にそれと同様の事態が生じたりすることは望ましくないと考えられることが多い。つまり，信頼できる相手方のみと取引をしたいのであって，勝手に取引の相手方が変わることには抵抗がある。そこで，例えば，債権を譲渡したり，会社の支配権を移転する場合には，事前の書面による承諾が必要という特約が契約書において設けられることが多く，例えば会社を買う（M&A）際には契約書をチェックして，どの会社から承諾を得なければならないかを確認する必要がある[20]。

(6) 債権の消滅

債権の消滅の最も典型的な場面は弁済（民法473条），つまり，代金が支払われたり，商品が引き渡されたりした場合であるが，供託（494条），相殺（505条），更改（513条），免除（519条），混同（520条）等も債権の消滅事由となる。

6 契約総則・各論

(1) 総 則

契約自由の原則（民法521条），申込みと承諾による契約成立（522条1項），方式自由の原則（522条2項）等が重要である。

また，例えば売買契約のような双務契約の効力として，当事者がこれと異なる特約に合意しない限り（2(2)参照），原則として双方の債務は同時履行となる（533条）。そして，売主に責任なく，売主の

---

20) 確かに，当事者間で譲渡を禁止・制限する意思表示をしただけでは債権の譲渡はその効力を妨げられない（民法466条2項）。もっとも，そのような特約を設けることで，無断譲渡を債務不履行としたり，契約解除事由としたりすることができる。

売る債務が履行できなくなった場合、買主として反対給付（買主の代金債務）の履行を拒むことができる（危険負担、536条）。

契約の解除の場面では、催告（いつまでに履行しなさいと通知すること）による解除（541条）と、催告によらない解除（542条）が重要である。解除により契約が巻き戻され、契約締結前の原状に回復させる義務（原状回復義務）が発生する（545条、7(2)注25参照）。

やや特殊なものとして定型約款（548条の2）がある。これはインターネット上のサービスを利用する際などに「同意」している大量の規約等について、どのような場合に当事者を拘束するかや、どのような手続を経れば変更することができるかに関する規定である。もしトラブルになった場合にはこれらの規約等が参照されることから、定型約款に関する規定は実務上非常に重要である。

以下では、契約各論で列挙される13種類の契約（典型契約）のうち、特に重要なものを説明する。なお、契約自由の原則から、当事者が典型契約の類型に該当しない契約に合意することも可能である。

(2) 贈　与

契約に一度合意した以上、原則として「やっぱりやめた」とはいえない。未成年であれば上述の未成年取消し（3(2)参照）を利用することができるが、大学生の大部分は成人してしまっており、契約をすることの重みを意識する必要がある。ただし、贈与については、背景に様々な事情があって行われることから、書面によらない贈与であれば、例外的に、履行が終わる前の解除（民法550条）が認められ、「やっぱりやめた」といえる[21]。

---

21) 悪徳商法に遭った場合、消費者法による救済を受けられる可能性がある。

(3) 売　買

売買については，契約不適合責任，すなわち，引き渡された目的物が種類，品質または数量に関して契約の内容に適合しないものである場合の売主の責任が重要である。具体的には追完（追加納入や修補等）請求（民法562条），代金減額請求（563条），損害賠償（564条，415条），解除（564条，541条，542条）等が含まれる。

売買の規定は有償契約，例えば贈与以外の本書が紹介する全ての契約（ただし，無償の委任・準委任を除く）に準用される（559条）。

(4) 賃貸借

不動産等について使用収益をさせる義務を貸主が負う代わりに，借主が賃料を支払う（そして契約終了時に賃貸借の目的物を返還する）契約である（民法601条）。

賃貸借は地上権（4(5)参照）と類似するものの，物権ではなく債権であることから一定の相違がある[22]。

加えて，借地借家法という特別法が，借地や借家という賃貸借の大部分について特則を設けているため，実務では借地借家法の規定

---

[22] 物権と債権の相違から，地上権の設定を受けた者（地上権者）は，土地所有者に対し，当然に地上権を登記するよう請求できる，第三者である妨害者に対して排除請求を行うことができる，譲渡を自由に行うことができるなど，賃借権よりも強い効力がある。もっとも，借地借家法等の定める強行規定によって，土地賃借権であれば土地上の建物の登記（同法10条）によって第三者に対して対抗をすることができ，第三者に対抗できる賃借権を有する者には妨害排除請求権が認められている（最判昭和28・12・18民集7巻12号1515頁）。そして確かに賃借権の譲渡は原則として自由ではないものの，家族への譲渡等の一定の場合には当該譲渡が貸主・借主間の信頼関係を破壊しないとして解除事由にならないなどとされることがある。このように，地上権と賃借権は一定以上接近している（川島武宜＝川井健編集『新版注釈民法(7)』（有斐閣，2007年）869頁以下［鈴木禄弥］，秋山靖浩ほか『物権法〔第3版〕』（日本評論社，2022年）184頁以下［秋山靖浩］等参照）。

が参照されることが多い。

(5) 請負

請負契約は，請負人が，例えば家の建築等の特定の仕事を完成することを約し，注文者がその仕事の結果に対してその報酬を支払うことを約する契約である（民法632条）。

売買と類似するが，報酬の規定が重要である。つまり，仕事の目的物の引渡しと同時の支払が原則（633条）であるが，一部ができていて，それによって注文者が利益を受ける場合には利益の割合に応じた報酬の請求が認められる（634条）。

なお，契約不適合については，原則として売買の規定が準用される（559条）が，一定の特則が設けられている（636条，637条）。

(6) 委任・準委任

委任は法律行為をすることを委託すること（民法643条），準委任は法律行為ではない事務を委託すること（656条）である。委任・準委任のいずれにおいても受任者が善良な管理者の注意をもって受託した事務を遂行しなければならず（善管注意義務，644条），信頼関係が基礎となっているので原則としていつでも解除[23]することができ（651条），有償（準）委任の場合の報酬についても請負同様の履行の割合に応じた報酬請求が可能である（648条3項）。

---

23) 契約の解除は原則として契約が巻き戻され，原状回復が行われる。しかし，準委任における解除は原状回復が行われず，解除前に関しては有効であり続ける，将来効（民法652条，620条）のものである。

7　不法行為等

(1) 不法行為

契約がない場合であっても発生する損害賠償責任が不法行為責任である。民法709条は「①故意又は過失によって，②他人の権利又は法律上保護される利益を，③侵害した者は，これに④よって[因果関係] 生じた⑤損害を賠償する責任を負う。」とする。まず，②被害者の側に生命・身体・健康・財産権等の権利・法律上保護される利益が必要である[24]。そして，これに対する①故意または過失による③侵害行為が行われると，当該行為と因果関係（④）のある損害（⑤）を賠償しなければならない。

なお，購入したテレビが火を噴くなど，製造物に欠陥がある場合の責任について製造物責任法が不法行為法の特則を定めている。

(2) 不当利得

民法703条は「法律上の原因なく他人の財産又は労務によって利益を受け，そのために他人に損失を及ぼした者[中略] は，その利益の存する限度において，これを返還する義務を負う。」とする。

不当利得は，一方が利益を受け，他方が損失を被っている場合において，その利益が法律上の原因がない場合に，利益を受けた方は損失を被った方へその利益の返還義務を負うというものであり，これも契約がない場合に発生する責任である[25]。

---

24) なお，要件として違法性が挙げられることも多い。権利が侵害される場合，違法性そのものが問われず，むしろ違法性が例外的に阻却（否定）されないかが問題となることが多い。これに対し，法律上保護される利益の場合，それが違法かが別途問われることがある。
25) 不当利得に関する民法703条および704条の特則としての，契約等の無効（取消による遡及的無効を含む）に関する原状回復について

(3) 事務管理

義務なく他人のために事務の管理を始めた者（民法697条）は，一定の場合に費用請求等を行うことができる（702条）。これも契約がない場合に発生する請求権である。

8　親族・相続

(1) 親族法

婚姻に関する法制度，親子関係（養子関係を含む）に関する法制度，親権に関する法制度，扶養制度，および後見・保佐・補助に関する法制度が規定されている。特に夫婦財産制等の財産に関する制度で，かつ，第三者に関係するもの，例えば，夫婦の一方と取引した企業が他方にその債務を支払えといえるか（民法761条）といったことは，企業法務でも重要な問題となる。

(2) 相続法

遺産を相続する相続人は誰か，相続の効力，相続人になってしまった場合にどのような対応ができるか，相続人が存在しなかったらどうなるか，遺産について，亡くなった人（被相続人）が遺言によりどこまで自由にコントロールできるか，実際に書かれた遺言がその範囲を超えた場合の規律（遺留分）などが定められている。

銀行等においては，遺族が，死亡した親族の銀行口座解約や預金を払戻しを依頼する場合などで，相続法の知識が重要となる。

は，121条の2が規律している（松岡久和ほか編『改正債権法コンメンタール』（法律文化社，2020年）100頁［大中有信］参照）。

9　事例問題の検討手順

(1) 問　題

> Aはその所有する黄金の茶碗（以下「本件茶碗」という）をBに貸した。買主Cは，Bの経営する骨董品店で，店頭に並べられていた本件茶碗をBから購入した。本件茶碗自体やその箱に特に所有者の名前等は記載されていなかった。購入の際にCはBに本件茶碗がBの所有物であるかを尋ねなかった。この事案におけるACの法律関係について述べよ（第1章事例1-2）。

(2) 解答例

> 1　AがCに対して所有権に基づく本件茶碗の引渡しを請求することができるかを検討する[26]。
>   Cは，BC間の売買契約という「取引行為」によって，「平穏に，かつ，公然と」動産である本件茶碗の占有を始めているところ，CはAの所有物と知らなかったのだから「善意」である。よって，Cに「過失がない」場合には，即時取得（民法192条）を根拠としてCは本件茶碗の所有権を取得し，Aからの請求を拒むことができる。
>   そこで，以下では，Cが無過失かを判断するため，同条における過失の意義を検討する。
> 2　買主が社会通念上，取引において尽くすべき注意を尽くしているのであれば，取引安全という民法192条の趣旨から保護されるべきであり，それが同条の「過失がない」の意義である。
>   同種のものを販売する店で，通常の販売方法が採用されているのであれば，社会生活上は，原則として当該商品が店主の所有物だと解されるため，所有者を確認するなどのさらなる調査を行わ

---

[26] 「請求できるか」等と疑問で文を終わらせることについて，筆者は特に問題とは考えていない。ただ，これを不自然と考える論者も存在することから（井田良ほか『法を学ぶ人のための文章作法〔第2版〕』（有斐閣，2019年）180～181頁［山野目章夫］），本書の解答例ではこれを回避している。

なくてもなお無過失である。ただし、商品に他人のネームタグが付されているなど、例外的事情があれば、その例外的事情に応じてさらなる調査を行うべき義務が発生し、かかる調査を尽くさなければ過失があるとされる場合もある。
3 本件では、骨董品店という同種のものを販売する店で、店頭に並べるという通常の販売方法が採用されていた。そして、特に本件茶碗自体やその箱に所有者の名前等が記載されていない。そこで、Bに対してBの所有物であるかを尋ねていなくてもCに「過失がない」。
 よって、Cは同条により本件茶碗の所有権を取得する。その結果として、AはCに対し所有権に基づき本件茶碗の引渡しを請求することはできない。

以上

(3) 解 説

具体的な事案に対し法的三段論法を適用して事案を解決していこう。既に述べたとおり（序章4(3)(a)参照）、本問では当事者（AC）の法律関係が問われるところ、民法においてそれは当事者の権利・義務関係（通常は誰が誰に対しどのような請求権を有するか）であった。

まずは条文を探すべきである（序章4(3)(d)参照）。元々の所有者Aと取引行為により占有を取得したCの間の利害関係を調整するのが即時取得である。即時取得について勉強していれば、六法の中から、民法192条を発見できるのではなかろうか（第1章2(1)、同3(3)(a)参照）。そこで同条をターゲットとして問題提起を行うべきである。

ここでは、3つの異なる話（AのCへの請求、条文へするすると当てはめられる限りでの当てはめ、問題提起）を整理すべきである。

すなわち、請求というレベルにおいてAが「自分が元々所有している茶碗である」として、所有権に基づくCへの引渡し請求が想定される。ここでは、AC間に契約は存在しないものの、所有権を含む物権関係であれば請求を立てることができる（2(4)参照）。

そして、Cとしては、自己が保護されるとして、根拠となる民法192条を主張する。この範囲では、条文の文言（「取引行為」、「平穏」等）を引いて端的に記述すれば足りるだろう（序章4(3)(e)参照）。

その上で、本件の真の問題、つまり、Cが無過失であるか、その意義を検討する旨を問題提起として記載することになる（序章4(3)(f)参照）。

次に同条の「過失」の解釈論を展開し、規範を明示すべきである（序章4(3)(g)参照）。ここでは、同条の趣旨である、取引安全から規範を立てることが考えられる。

その上で、立てた規範に対し、事実関係を当てはめる（序章4(3)(h)参照）。解答例では、確かにCは調査をしていないものの、取引通念上相手が所有者であるかを疑う事情がないため過失はないとした。その際には、「本件茶碗と同種のものを取り扱うBの骨董品店の店頭において他のB所有物と隣り合って並べられていた」という事実が取引通念上通常はBの所有と解されることにつながること、茶碗自体やその箱にAの名前等が記載されていれば、Bの所有への疑義が呈され得るが、そのような事情もなかったことなど、事実関係を評価をして当てはめる（第1章3(6)(b)参照）。このように考えれば、Cが即時取得により所有権を得るので、Aは引渡しを請求できないという結論になる（序章4(3)(i)参照）。

10　民法と実務とのつながり

(1)　企業の非法務担当者の業務とのつながり

営業担当など、法務以外の担当であっても、それぞれの取引案件に関して行われる交渉はまさに「契約交渉」である。そこで、契約法に関する基礎知識を理解することが重要である。

例えば、製造業であれば、どのような商品をいつまでにどこにど

のように届けるかといった基本的な内容は営業担当者が交渉し，合意することが多いところ，まさにこのような事項は，売買の目的物の特定や，どのような場合に契約不適合責任が生じるか，履行期や履行方法等といった，民法の規律と密接に関係している。そこで，民法を学び，交渉事項が法的にどのような意味を有するかを理解することで，営業担当者としての業務をよりよく遂行することができる。

また，営業担当者は，代金を支払う相手方の財務状況に応じて保証や抵当権等の担保を徴収することで，代金支払を確保する。適法に保証契約を締結したり，適切な担保物権を設定し，第三者に対しても対抗できるようにするためには，債権総則の保証に関する知識 (5(4)参照) や担保物権 (4(6)参照) 等の基礎知識が必要である。

なお，自社が販売する商品が「通常有すべき安全性を欠いている」(製造物責任法2条2項の「欠陥」がある) 場合において，消費者にケガをさせた場合の責任等，不法行為やその特則に関する規律も実務では問題となる (7(1)参照)。

これらはあくまでも例示に過ぎない。企業に就職することを考えている学生のみなさんは，法務担当者でなくても，民法を学ぶことが将来の業務に生きるはずである。

(2) 企業の法務担当者の業務とのつながり

企業における法務担当者は，リスク管理を行うところ (第1章5(3)参照)，特に個別の案件の契約対応 (契約書作成，契約審査) においては，民法を前提に契約条項の妥当性を検討するなどのリスク管理を行う。企業が契約書を作成する取引の多くは，コンビニでお茶を買ってその場で支払うような取引 (現実売買) ではなく，契約締結後に双方が異なるタイミング (先払い・後払い等) で債務を履行するものである。そのリスクに対応するため，法務担当者は契約書の作成・審査や，社内の意思決定等に関与する。

例えば，何も特約を結ばなければ民法の任意規定が適用されてしまうことを踏まえ，特約を結ぶべきか，その内容をどのようなものにすべきかを，民法の任意規定どおりで契約を締結することが自社にとってどのようなリスクをもたらすかに基づき検討する。

また，例えば，強行規定が契約の成立要件や契約内容等について規律している場合があるので，強行規定の適用の有無を確認し，強行規定に従う（例えば，保証契約であれば，これを書面で締結する）。

多くの場合，自社における典型的な取引を想定した「契約書雛形」が作成されているものの，上記の検討を行った上で，個別具体的案件においてそれらの契約条項をどのように修正すべきか等を検討することとなる。この際には，やはりその契約条項の前提となる民法の規律を理解することが必要であり，民法の学びが実務に生きる。

また，商取引に関する商法や借地借家に関する借地借家法等の特別法の理解の前提として一般法たる民法の知識が必要である。

(3) 公務員の業務とのつながり

公務員にとって，民法は関係がない，と思われるかもしれない。しかし，行政と私人との間の関係は，一方的な権利義務の設定（後述の行政処分等）だけではなく，行政に必要な様々な物品やサービスの調達等，契約により権利義務が形成されることも少なくはない。

また，行政が損害賠償を負う場合については基本的には国家賠償法が問題となるが，国家賠償法は，民法（不法行為法）の特則（国家賠償法4条参照）であり，民法の理解が前提となる。

さらに，民法総則で学ぶような基本的な概念（法人（1(2)参照），信義則・権利濫用条項（第1章3(5)(b)参照）等は，行政法でも登場する。

このように，公務員の実務にとって民法は重要であり，民法は公務員試験においても憲法・行政法とともに重要科目とされている。

そこで，民法の学びが公務員としての就職や実務に生きる。

(4) 弁護士・法曹の業務とのつながり

弁護士は私人間の関係に関するトラブルの解決を行うことが多いが、借金であれば契約法（破産法等が問題となることもある）、交通事故であれば不法行為法、家事であれば親族法・相続法等、多くの事案で民法が問題となる。また、企業法務関係の弁護士業務においても、上記（(2)参照）と同様、契約対応の基礎として、商取引等においても、特別法の前提となる一般法として民法が重要である。

裁判官にとっても、多くの民事事件は民法を利用して裁いていくことにとなる。検察官にとっても、詐欺・横領・背任等の取引関係の案件においては、事件処理において民法の知識が前提となる。

そして、法曹になるためには司法試験合格が必要であるところ、民法は重要な司法試験科目である。

このように、民法の学びが司法試験やその後の実務に生きる。

(5) その他の実務とのつながり

業界に応じてより民法が重要となる業界もある。例えば、不動産業界であれば、取引を行うに際して物権法や契約法の知識が必須である。だからこそ、当該業界では、宅建士資格が重要となるところ、民法は宅建士試験の重要科目となっている。

Column 「法律の文章」の読み方

大学入試に向けた「国語（「現代文」の評論文）」の勉強は、論理的文章を日本語のルールに従って正確に読むという重要な訓練である。このような国語の勉強は法律分野でも必ず生きる。しかし、このような訓練を受けた法学部の1年生が判例や契約書等の法律文書を読んだ場合に、これを全く理解することができないことは十分あり得る。

まず、ある意味では外国語を学ぶような覚悟を持って、法律の世界における専門用語（「善意」など〔序章2(4)参照〕）や、独特の表現（「そ

の他」と「その他の」区別など〔第1章3⑶参照〕)を学ぼう。

　その上で文書の種類ごとにその典型的な構成を理解しよう。例えば判決書は，(審級にもよるが)主文と呼ばれる裁判所の結論の後で当事者の請求，前提事実，当事者の主張，(裁判所が上記結論を導いた)理由がそれぞれ記載される。また，契約書は，「売買契約書」等の標題の後に，当事者や契約の目的等をまとめた頭書が来て，その後に各条項が置かれ，最後に署名欄等が設けられる。例えば長大な判決書でも，当事者の主張欄が長いだけで裁判所の判断は短いかもしれない。

　さらに，定義語とも呼ばれる特別な定義，例えば「本XX」や「本件XX」といった語に注意しよう。これは，その文書においてのみ特定の意味を有するということである。前述の事例問題（9参照）でも「本件茶碗」という定義語を用いた。なお，特に「本件」や「本」を付けることなく初出時に用語の定義がなされることもある。

　法学部1年生はまずは以上を踏まえ，書かれていることをそのとおりに理解する法律文書の読解力を身につけるべきである。そして将来的には，行間を読むことも期待される。なぜ関連するはずの事項がそこに書かれていないのか，そのことが示唆することは何かなどである。

　例えば，3年生や4年生でゼミに入り，判決について報告する際は，最低限書かれていることをその通りに要約して報告できることが求められている。それに加えて，行間を読んでその判決の示唆するところを正しく述べることなどができれば高く評価されるだろう（もしかすると，ゼミの先生に，研究者になるよう勧誘されるかもしれない）。

第 3 章
刑法入門

1 刑法の学習を通じて習得したい事項

　刑法とは，犯罪と刑罰について定めた法である。ここでいう犯罪とはそれに対して刑罰が科されるべき行為である[1]。

　刑法の講義は「総論」と「各論」に分かれていることが多い。大学の学部において刑法を学習する場合，具体的な事案について，問題となる行為者の行為が，刑法典の第 2 編「罪」(「刑法各論」に相当) に規定されている構成要件のカタログのどれに該当しそうかを考えた上で，刑法総論で学ぶ「構成要件→違法性→責任 (＋共犯論・罪数論)」の枠組み (4 参照) に当てはめ，どのような犯罪が成立する/しないのかを論じることが期待されている[2]。

　そこで，定期試験やロースクールの入学試験においては，総論上・各論上の問題を含む事例が与えられ，具体的な犯罪の成否を判断することが求められるし，予備試験や司法試験等の資格試験にお

---

[1] 山口・刑法 3 頁。例えば行為者が甲である場合において，「甲に殺人罪が成立する」のではなく「甲の行為 (例えば被害者の胸を包丁で刺した行為) について殺人罪が成立する」のである。
[2] 大学の刑法の先生は，このような内容を規定する刑法の体系についてそれぞれ特定の見解を採用しているところ，人によって体系が異なり得る (4(3)参照)。そこで，まずは自分の授業を担当する先生の体系を把握した上で，それはいわゆる判例を前提とした理解と異なっているのか，もし異なっているとすれば，それはどのような点について異なる見解をとっていることが原因なのかを意識するとよいだろう。

2　刑法の基本原則と解釈上の特徴

　刑法については，基本的には，民主的に制定された法律に基づき，何がやっていけないこと（犯罪になること）となるかを明示するということ（民主主義的要素）と，それが事前に明示される結果として市民がそのような部分を除けば自由に（つまり少なくとも犯罪にはならない形で）行動できるようにするということ（自由主義的要素）が重要である。そこから，いくつかの原則が導かれる 3)。

　まずは，刑法で規律し，処罰する必要性がある場合でなければならない。刑法による禁止は自由に対する重大な干渉なのだから，そのような干渉の必要性が高い場合に限るべきである。（刑事）法によって保護するに値する権利・利益（法益）の保護のために必要な場合のみ，その行為は刑罰で禁止される（法益保護主義）。なお，刑罰には，最終的には死刑もあり得るように，極めて厳しい制裁が含まれる。そこで，刑法の立法および適用は控えめでなければならない（刑法の謙抑性）。刑法以外でも保護できれば民事法や行政法で保護すればよい。他の保護手段では不十分なときにのみ，刑法が最後の手段として用いられるべきである（刑法の補充性)4)。

　このような重大な制裁である刑事処罰が恣意的になされては，人々は何をしたら処罰されるかわからず，自由を守ることができない。そこで，刑事処罰を行う場合には，法律によってその旨が明確に規定されなければならない。これが罪刑法定主義である。

---

　3)　以下は山口・刑法 5 頁以下を参照している。
　4)　その結果，法益侵害やその危険がある行為のうち，限定的なもののみが，部分的・断片的に犯罪とされるに過ぎない（刑法の断片性）。

犯罪の範囲を明示するため,類推解釈は禁止される。例えば,「人を殺す」ことを禁止した場合,「人と似ているから」としてその条文に基づき猿を殺した人を処罰することは認められない[5]。行為時に禁止されていない行為を事後的に遡って禁止することも許されない。これを遡及処罰の禁止という（憲法39条[6]）。

刑罰は非難である（責任主義）。例えば,病気のために,殺人をしていると理解することができない人の行為は非難の対象にはならない。非難ができる場合,つまりその行為が悪いこと（違法なこと）であると弁識し（弁識能力）それに従って自分の行動を制御する能力（制御能力）を有していた[7]（人の命に危険を与える行為を行っていると理解した上で,人を殺さない〔ように注意する〕ことができた）場合のみに刑罰を科すことができる（4(4)参照）。

なお,一度犯罪が成立したらもはやその後に何をしても刑法上の結論は変わらない。例えば店舗で万引きをしたが物を返しに来たので,店主がゆるしたとしよう。しかし,一度成立した窃盗罪（刑法235条）が遡って成立しなくなるものではない。ただ,その場合になお起訴して刑務所に入れるかというのは刑事訴訟法の方で考えるというのが刑法と刑事訴訟法の役割分担である（第6章参照）。

3 刑法各論

(1) はじめに

法律を勉強する前から,他人の生命や身体を侵害すれば犯罪にな

---

[5] なお,猿もまた守るべき法益だとなれば,猿を殺してはならないという明示的規定を設ければよい。
[6] 「何人も,実行の時に適法であつた行為又は既に無罪とされた行為については,刑事上の責任を問はれない。又,同一の犯罪について,重ねて刑事上の責任を問はれない。」
[7] 山口・刑法135頁参照。

るということは知っているだろう。しかし，明確性の要請（2参照）から，刑法典第2編「罪」は，「この範囲の行為は○○罪」と，細かく「犯罪カタログ」を規定し，どのような法益をどのような形式で侵害する行為かに応じて，成立する犯罪を明記する。犯罪カタログに記載された各犯罪の成立要件等を学ぶのが刑法各論である。

多くの大学のカリキュラムでは刑法総論から先に勉強する。けれども，刑法総論において一般的な犯罪の成立要件を学ぶ際，そもそもどのような行為が犯罪とされているかを知らなければその議論はピンとこない。そこで本書ではあえて各論から始めることとする。

犯罪は，個人的法益，社会的法益，国家的法益に関する犯罪の3つに分類されることが多い。そのうち，本章では，初学者にとっての重要性が比較的高い，個人的法益に関する犯罪の典型例である生命身体に対する犯罪（(2)参照）および財産に対する犯罪（(3)参照）を取り上げることとする（社会的法益に関する犯罪や，国家的法益に関する犯罪については，刑法の教科書を参照してほしい）。

(2) 生命・身体に対する犯罪

「人」の生命を侵害するのが殺人罪（刑法199条，殺人既遂罪）である。犯罪は予備段階→未遂段階→既遂段階へと進む（4(5)参照）。もし殺そうとはしたけれども殺すに至らなかったらどうなるだろうか。このような場合には殺人罪の未遂を処罰する規定がある（203条）[8]。殺人は重大な犯罪なので準備段階である予備についても処罰される（201条）（4(5)も参照）。

また，殺す「対象」が自分であれば自殺であるところ，自殺自体は犯罪とされていない（199条の「人」には行為者自身は含まれない）。しかし，他人の自殺を助ける自殺幇助等（202条）は犯罪とされて

---

8) このように，203条が199条を前提とすることから殺人未遂罪の法条を摘示する場合は「203条，199条」となる（5(3)参照）。

いるし，これに類似した，被害者が死ぬことに同意している同意殺人罪（202条）もやはり犯罪である。加えて「まだ産まれていない胎児」については堕胎罪（212条以下）が設けられている。

他人の身体を害するのは傷害罪（204条）に当たるが，傷害罪について傷害未遂罪は定められていない。しかし，傷害の多くは暴行の方法で加えられるところ，傷害罪の未遂形態の多くは，暴行罪（208条）で処罰される[9]。

殺人罪は人を殺そう，傷害罪は典型的には人を傷つけようとして行う犯罪であり，故意犯と呼ばれる。しかし，うっかりして人を殺したり傷つけたりすることもある。それが過失致死罪（210条）や過失致傷罪（209条）である。重大な過失のある場合の重過失致死傷罪（211条後段）や，業務上の重い注意義務を負っていたのにそれを怠った場合の業務上過失致死傷罪（211条前段）も重要である。

傷害を負わせようとしただけで殺すつもりはないものの死なせてしまった場合は傷害致死罪（205条）となる。一定の犯罪（例えば身体に対する犯罪）が実行された場合，それよりさらに重い結果（生命に対する結果）が引き起こされた場合を結果的加重犯という[10]。

(3) 財産に対する犯罪

財産犯の典型例は窃盗罪であるが，財産犯に分類される犯罪には様々なものが存在する。以下，その主なものを整理してみた[11]。

図のように，財産犯は，まずは個別財産に対する犯罪か全体財産に対する犯罪かで分かれる。個別財産というのは「このバッグを盗

---

9) 言葉でショックを与えるなどの無形的方法による身体の攻撃は暴行罪には該当しない。しかし，傷害の故意をもって無形的方法による攻撃を行い，精神的障害を含む傷害を生じさせれば傷害罪になることについては井田・刑法各論59頁以下，特に62頁を参照。
10) 井田・刑法総論241頁。
11) 山口・刑法282頁の表を参考にした。

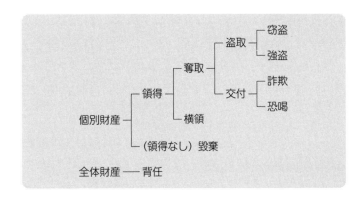

んだ」といった場合のバッグなど個々の財産のこと，全体財産というのは，被害者が取引等によってプラスとマイナスの財産を得た場合に，その結果としての被害者の財産の総額の変化を考えるということである。多くの財産犯罪は，個別財産に関する犯罪であるところ，その大部分は，領得罪，すなわち後述の不法領得の意思が必要な犯罪である。領得罪の中にはどのように個別財産を侵害するかにつき，被害者の占有を侵害する奪取罪と，既に手元で占有しているものを領得するだけで，占有を侵害しない横領罪に分けられる。奪取罪は占有移転方法により盗取罪と交付罪に分けられる。以下，主に窃盗罪と他罪の比較を通じて，これらの犯罪についてみていこう。

まず窃盗罪（刑法235条）は，個別財産に対する犯罪のうち，不法領得の意思が必要な領得罪に該当し，財物の占有を奪う奪取罪であって，その占有侵奪方法により盗取罪の一類型とされている。

ここで不法領得の意思とは，権利者を排除し（権利者排除意思），他人の物を自己の所有物と同様に利用または処分する意思（利用処分意思）が必要だということである[12]。例えば，使用窃盗といって，他人の自転車を30分ほど乗り回す行為は確かによくはないも

---

12) 井田・刑法各論248頁。

のの，権利者を排除まではしないので，窃盗罪等の領得罪とはならない[13]。また，利用処分するのではなく，その自転車を壊す，という場合にも，利用処分意思が否定され，窃盗罪等の領得罪とはならない。ただし，このような不法領得の意思がなくても毀棄罪（258条以下）は成立し得る。例えば，自転車を壊してしまう場合には，毀棄罪（この場合には261条の器物損壊罪）が成立する。

窃盗罪は（領得罪のうちの）奪取罪とされる。これは，占有を侵害するという特徴を有するということである[14]。例えば，バッグを盗む窃盗罪の場合，犯人は被害者の手元で占有されていたバッグに対し，その占有を侵害して自分の手元へと持ってくる。これに対し，最初から犯人が目的物を占有していることがある。例えば，借りた本を古本屋に売ったというのは，占有を奪っていない（元々借りていて，手元にある）ものの，横領罪（252条）という犯罪である。

窃盗罪が盗取罪だというのは，被害者に交付させるのではないということである。交付罪である詐欺罪（246条）は被害者を騙して（例えば代金という名目で騙し取って）交付させるものであり，恐喝罪（249条）は被害者を畏怖させて交付させるものである。

なお，盗取罪の中には窃盗罪以外にも強盗罪も含まれる。被害者の反抗を抑圧するような暴行脅迫を加えるのが強盗罪（236条），その他の被害者の意に反する占有移転が窃盗罪である。

以上説明してきた全ての犯罪（背任罪を除く全ての犯罪）は，例えば「そのバッグ」を盗むとか「そのお金」を代金という名目で騙し取る（詐取する）というような個別財産の侵害である。しかし，背任罪（247条）だけは，個別的な財産の侵害ではなく，被害者の全体的な財産を侵害するものである。背任罪で典型的なのは，銀行の支店長Aが，古くからの友人であるBのため，後に回収できず，

---

13) 井田・刑法各論249頁参照。
14) 井田・刑法各論226頁および353頁参照。

銀行に損害が生じると思いながらも，抵当権等の担保（第2章4(6)参照）を取らずに，Bに融資したというものである。上記のとおり，背任罪は全体財産に対する犯罪である。「その財産」（融資金）が流出したことが犯罪になるのではない。例えば，もし本件と異なり，十分な担保を取っていれば，その融資金は流出していても，回収ができるので，全体として，銀行の財産状態は悪化しておらず（全体財産にマイナスはなく），背任罪は成立しない。これに対し，担保を取らないで資金を返済する力のないBに融資すると，銀行の全体の財産が減少することになるから，そこに背任罪の要件たる財産的損害が認められることになる。

(4) 刑法典以外に規定される犯罪

犯罪は，刑法典（明治40年法律45号）にのみ規定されているのではない。それ以外にも，軽犯罪法，暴力行為等処罰法（集団的暴行等について定める），盗犯等防止法（常習窃盗等について定める），自動車運転処罰法（自動車運転過失致死傷罪等について定める）等の準刑法と呼ばれる刑法典を補完する特別法に規定される犯罪が重要である。

加えて，個別の行政法の末尾に，重大な行政法違反を犯罪とする規定がある。独占禁止法や金融商品取引法等の行政法に違反したことによる犯罪も実務上重要である。

4 刑法総論

(1) 三段階犯罪論体系

日本では犯罪の成否に関し，「構成要件→違法性→責任」の順番で検討する三段階犯罪論体系が採用されている。

刑法は，各論で扱う犯罪カタログにおいて，どのような行為が犯罪となるか[15]，すなわち「構成要件」を規定している。それぞれ

の事案で,その行為が犯罪になるかが問題となる者(行為者)の行為が構成要件に該当しなければ犯罪不成立となる((2)参照)。

そして,構成要件は違法で有責な行為の類型であるから,構成要件に該当することで違法性と責任が存在することが推定される。しかし,個別具体的な状況の下,違法性を阻却する(なくなる)正当防衛(刑法36条),緊急避難(37条)等に当たる事情がないかが問題となり,違法性が阻却されれば犯罪不成立となる((3)参照)。

最後に心神喪失(39条),責任年齢(41条)等の責任阻却事由が問題となり,責任が阻却されれば犯罪不成立となる((4)参照)。

これらの過程を経て,当該具体的な行為が構成要件に該当し違法で有責であるとなってはじめて,当該行為につき犯罪が成立する。

以下では,構成要件((2)),違法性((3)),責任((4))等についてその全体像を概観しよう。

(2) 構成要件該当性

刑法典やそれ以外の犯罪を規定する法令(3(4)参照)の犯罪カタログにおいて,様々な犯罪が規定されている。特定の行為がそれぞれの犯罪について求められる各成立要件を満たすと,構成要件に該当する,とされる。殺人既遂罪(刑法199条)のように,結果を発生させてはじめて構成要件該当性が認められるいわゆる結果犯と呼ばれる類型の犯罪であれば,①実行行為(殺人行為),②結果(被害者の死亡),および③行為と結果の間の因果関係(当該行為に「よって」結果が発生したこと)という3点が求められる。なお,通説的体系による限り,故意犯については故意(構成要件的故意)[16]が,過

---

15) より正確にいえば,構成要件とは「刑罰法規を解釈し,その意味を確定することによって明らかにされる個々の犯罪行為の型ないし観念像」(井田・刑法総論94頁)である。

16) 故意は罪を犯す意思(刑法38条1項)であり,これは犯罪事実の認識・予見と一応言い換えることはできるが,単なる認識で足りる

失犯については過失（構成要件的過失）17) が必要とされる。

(3) 違法性

刑法は法益保護主義（2参照）を採用しているので，法益侵害が違法の内容に含まれるという限りでは争いはない。もっとも，法益侵害に加えて，社会倫理違反をも含む（行為無価値〔行為反価値ともいう〕）のか，社会倫理違反を含まない（法益侵害のみを違法性の本質とする。結果無価値〔結果反価値ともいう〕）かは学説上争いがある。判例・実務は行為無価値の考え方を採用するとされる 18) ものの，みなさんの刑法の先生は結果無価値を採用しているかもしれない。

正当防衛（刑法36条），緊急避難（37条），および，正当業務行為（35条）が主たる違法性阻却事由である。

(4) 責 任

構成要件の段階で故意・過失の存在を確認していることから，責任段階においては，責任阻却事由が検討される。

責任能力は要するに，心神喪失状態（刑法39条1項），つまり心の病気等によって事理を弁識する能力（弁識能力）またはその弁識に従って行動を制御する能力（制御能力）を欠いた精神状況であれ

か，認容まで必要かは学説の対立がある（山口・刑法 102-113 頁）。
17) 過失に関し，伝統的には，注意義務違反，すなわち結果を予見して（結果予見義務）その結果を回避すべき義務（結果回避義務）に違反して結果を惹起したときに過失犯が成立すると解されている（山口・刑法 125-126 頁参照）。
18) 例えば，最決昭和 55・11・13 刑集 34 巻 6 号 396 頁は，加害者 A が，被害者 B の同意の下，保険金詐欺のために交通事故を起こし，B がケガをした事例である。最高裁は，B は承諾していたものの，その「承諾は，保険金を騙取するという違法な目的に利用するために得られた違法なものであつて，これによつて当該傷害行為の違法性を阻却するものではないと解するのが相当」とした。

ば，犯罪が成立しないということである[19]。なお，その場合，病気等の治療が必要であるため，心神喪失者等医療観察法が医療措置等を定めており，いわば，刑罰の代わりに治療を受けることになる。

また，14歳未満（13歳まで）の者，すなわち刑事責任年齢に達しない者については犯罪が成立しない（41条）。ただし，少年法上の処分・措置はなおあり得る（少年法3条1項2号，24条参照）。

(5) 未遂犯・共犯等

犯罪が完遂する（既遂）ことも多いが，既遂に至らないこともある。犯罪は予備段階→未遂段階→既遂段階へと進むところ，未遂は各犯罪について処罰する旨が定められなければ処罰されない（刑法44条）。例えば，刑法203条は殺人罪（199条，3(2)参照）について未遂処罰を定める。未遂犯は，例えば悔悟等により自発的に中止したため未遂となった場合（中止未遂，中止犯）と，そうではない場合（障害未遂）に分けられ，中止犯は刑が減軽・免除される（43条）。

1人で犯罪を行うのは単独犯だが，複数人が共同で犯罪を行うことがある（共犯）。最も典型的な共犯は，複数人がそれぞれ意思を通じ（共謀），それに基づき犯罪を分担する共同正犯である。この場合には，自らは一部しか実行していなくても全部責任を負う（一部実行全部責任）[20]。なお，共犯には一方（教唆犯）が他方（実行犯）の犯罪意思を形成させる教唆や，一方（幇助犯）が精神的および／または物理的に他方（実行犯）の犯罪実行を助ける幇助もある。

---

[19] そこまでの重篤な精神状況ではないものの，精神の障害により，弁識能力また制御能力が著しく限定されている状態を心神耗弱（39条2項）という。心神耗弱の場合には責任能力は存在するものの，著しく限定されている（限定責任能力）ため，刑の必要的軽減が規定されている（山口・刑法135頁）。

[20] 共謀はしているものの，犯罪の一部すら実行していない場合についてはその処罰の可否が問題となるが，判例によれば共謀共同正犯として処罰される。

なお，刑法典には法人を処罰する規定は存在せず，処罰対象は自然人に限られるものの，特別法（3(4)参照）においては，行為者に加えて法人も罰するという旨の特別の規定が設けられることがあり（両罰規定），その場合には法人も処罰される。つまり，みなさんが社会人になった後，自分や同僚の独占禁止法や不正競争防止法に反する行為が，本人だけではなく，場合によっては会社自体に対する刑事処罰をもたらすこともあるということである。

犯罪が成立すると，刑罰が課される。刑罰（主刑）の種類は死刑，拘禁刑，拘留，罰金および科料である（刑法9条）。

5 事例問題の検討手順

(1) はじめに

事例問題の検討手順としては，上記の

> 構成要件 ➡ 違法性 ➡ 責　任

という順番が重要である。まず，構成要件該当性の有無が検討される。次に，違法性阻却事由，つまり，正当防衛，緊急避難など具体的事情の下で違法性が阻却されないか検討することになる。さらに，責任，例えば責任能力や責任年齢等を検討することになる[21]。

刑法の授業や基本書での学習を通じて，様々な犯罪事例に関して

---

[21] 例えば，下記（(2)参照）の事例において設問に「XはYのことを殺そうと考え，Yの胸を拳銃で撃った。しかし，Yは一命を取り留めた。その際Xは心の病気を患っており，事理を弁識する能力またはその弁識に従って行動を制御する能力を欠いていた。」とある場合に，殺人未遂の構成要件を検討するのではなく，冒頭から責任を検討し，Xは事理を弁識する能力またはその弁識に従って行動を制御する能力を欠いていたため責任能力（刑法39条）がなく犯罪が成立しない，と結論付けてしまうと，これは，上記の体系に沿った検討ができていないとして（結論は正しくても）大幅な減点をされる可能性が高い。

(2) 問 題

> XはYのことを殺そうと考え，Yの胸を拳銃で撃った。しかし，Yは一命を取り留めた。Xの罪責を論ぜよ。ただし，特別法については検討する必要はない。

(3) 解答例

> XのYに向けて拳銃を発砲した行為について殺人未遂罪（刑法203条，199条）が成立するかについて検討する。
> 本件では，Xの上記行為は殺人罪の実行行為に該当するものの，結果は発生していない（刑法43条本文）。また，Xには殺人の故意が認められる。したがって，殺人未遂罪の構成要件を充足する。
> 次に，本件において正当防衛（刑法36条），緊急避難（刑法37条）等の違法性阻却事由は存在しない。
> さらに，本件において責任能力（刑法39条），責任年齢（刑法41条）等の責任阻却事由も存在しない。
> 以上より，本件におけるXのYに向けて拳銃を発砲した行為については殺人未遂罪（刑法203条，199条）が成立する。
>
> 以上

(4) 解 説

刑法の事例問題においては，「罪責を論ぜよ」という表現がよく用いられる。これは基本的には，問題となる人（本事例ではX）の行為を取り出して，「構成要件→違法性→責任」の検討の結果，特定の犯罪が成立するか否か（および共犯としての責任を負うかどうかや複数の犯罪が成立する場合の相互の罪数関係）を検討しなさい，ということを意味している。なお，拳銃の使用事例であれば，実務では銃刀法という特別法（3(4)参照）も問題となるものの，今回は「ただし，特別法については検討する必要はない。」という記載（誘導。序

章4(3)(a)参照）があるので，銃刀法を検討する必要はない。

　まず，各論のカタログを踏まえ，本件において問題とすべき犯罪を探すことになる。本件では，一見すると，殺人罪（刑法199条）が適用されるように思われるかもしれない。しかし，今回は結果が生じていない。そこで，殺人未遂罪（203条，199条）を検討する。

　具体的な構成要件の検討としては，殺人の実行行為は存在するものの，結果は発生していない（よって発生した結果との因果関係を検討する必要はない）。また，Xには，殺人の故意もある。したがって，殺人未遂罪の構成要件を充足する。

　次に，正当防衛，緊急避難等の違法性阻却事由は存在しない。

　さらに，責任能力，責任年齢等の責任阻却事由も存在しない。

　よって本件におけるXのYに向けて拳銃を発砲した行為については殺人未遂罪（203条，199条）が成立する。

6　刑法と実務とのつながり

(1)　企業の非法務担当者の業務とのつながり

　入社後に各種の業務を実施するに際し，社内規程として様々な細かいルールが定められていることが多く，それに準拠して業務を遂行するように指導されるだろう。その中には，例えば，同業他社とは価格に関するやりとりをしてはいけないとか，自社の株式を売買する場合は報告しなければいけないなど，「面倒だ」と思われるような内容も含まれるかもしれない。しかし，これらのルールは，例えば価格カルテルの防止（独占禁止法）や，インサイダー取引の禁止（金融商品取引法）といった法令を背景として定められている。そして，これらのルールに違反すると，単に社内ルール違反として懲戒処分等の対象になるだけではなく，個人として刑事処罰の対象となる可能性もあり，また，そのような個々の役職員の行為によって

会社が法人として刑事処罰の対象となる可能性もある（4(5)参照）。このように，業務で問題となる多くのルールの背景には，刑事罰により担保された法令のルールが存在する（3(4)参照）。刑法の補充性（2参照）により，行政法のルールによって十分に法益保護が可能であれば刑事処罰までは行うべきではない。そこで，行政法違反のうち重大なもののみが刑事処罰の対象となっている。

また，みなさんは詐欺，横領，贈賄等を行おうとはしないだろう[22]。しかし，例えば，悪い上司や先輩から，このような犯罪の片棒を担ぐように言われるようなシチュエーションは全くないとは限らない（序章の事例0-3参照）。そのような場合に，刑法総論の共犯（4(5)参照）の議論，特に，自分が主たる犯罪者でなくても，幇助や共同正犯という形で刑事責任を負う可能性があることを理解していれば，犯罪に加担することを回避することができるだろう。

もう1つ例を挙げよう。通常，企業はあえて他人（周辺住民や消費者等）を傷つけるつもりはないだろう。しかし，刑法の過失犯（4(2)参照）の議論を学んでいれば，公害，薬害，製品安全等に関して，健康被害等が予見可能である場合に，そのような結果を回避するために，迅速な製品回収（リコール）等のなすべき対応を行わないと，過失犯として刑事責任を負うことがわかる[23]。

このように，刑法の学びは，入社後のよりよい業務の遂行，ひいては自分や会社を守ることに役立つ。

---

[22] とはいえ，最近はいわゆる「闇バイト」として，通常のアルバイトであるかのように学生等を騙して履歴書等を提出させ，「個人情報をつかんでいる」などと脅して強盗等を行わせる事案が社会問題化している。強盗致死罪や強盗殺人罪（刑法240条）の法定刑は死刑か無期拘禁刑と極めて重い。個人情報を握られ脅されても，できるだけ早く逃げ，警察に助けを求めるべきである。

[23] 例えば環境分野では環境法分野の諸法令，製薬会社等であれば薬機法，製品安全であれば消費生活用製品安全法等，各分野の個別の行政法によっても品質や安全性の確保が求められている。

(2) 企業の法務担当者の業務とのつながり

企業の法務担当者（コンプライアンス担当者）は，主に，①役職員の業務遂行が犯罪となる事態を防ぐという観点（(1)参照），および②企業が犯罪の被害者となること（従業員が会社の資金を横領するなど）を防ぐという観点から，社内ルールの策定，内部通報制度の運用[24]，具体的な案件への対応等を行う。このような対応のためには，刑法総論（過失論，共犯論等），刑法各論（企業で起こり得る各種の犯罪），そして（上記の独占禁止法，金融商品取引法を含む）特別法の知識が必要である。このように，刑法の学びは，企業の法務担当者の業務にとって非常に重要である。

(3) 公務員の業務とのつながり

公務員は，様々な行政法を執行する立場にある。例えば公正取引委員会で独占禁止法を執行したり，金融庁で金融商品取引法を執行したりする。このような法執行は行政法に基づくものの，上記（(1)参照）のとおりその違反が刑事犯罪をも構成し得ることから，刑事告発を含む刑事的処理の可能性を検討する必要がある。

公務員の中でも警察官であれば，犯罪捜査を行うことから，刑法とのつながりがより密接である。

なお，守秘義務（国家公務員法109条12号，100条）等の公務員が課せられたルールに違反した場合，刑事処罰を受ける可能性もある。

このように，公務員にとっても刑法は重要である。

(4) 弁護士・法曹の業務とのつながり

弁護士は，刑事弁護，つまり，犯罪を犯したとして捜査されている被疑者や，起訴された被告人の弁護を行う業務を行う。その際に

---

[24] 公益通報者保護法の 2020 年改正により，内部通報を行った者を特定できる情報の漏洩が犯罪とされた（21条，12条）。

は刑事訴訟法の知識も重要であるので第6章を参照されたい。

また，企業法務弁護士も，依頼者である企業の行う，①役職員の業務遂行が犯罪となる事態を防ぎ，②企業が犯罪の被害者となることを防ぐ活動を支援する。例えば，最新の法改正・判例・取締動向等を踏まえた社内ルール策定・改訂の支援，内部通報を受け付ける外部窓口としての活動，さらには，実際に案件が発生した場合には，調査，行政対応，そして場合によっては刑事弁護対応を行う[25]。

検察官が行う刑事事件の捜査・訴追はまさに被疑事件が刑法上どのように評価されるか，刑事犯罪を基礎付ける証拠としてどのようなものがあるか等の観点に基づき行われる。

裁判官も，刑事裁判では，起訴された事案に対し，刑法に基づき判断を行うことになる。

(5) その他の実務とのつながり

例えば警備員の業務であれば，万引き犯その他の犯罪行動が疑われる人に対して声かけ，警察への引渡し等を行うことになるところ，どのような事実関係に基づき犯罪を疑ったのかを警察に説明し，捜査を求めるに際しては，刑法の知識が必要である[26]。

---

[25] 上記（(1)参照）のとおり，企業を取り巻く重要な法令は行政法であると同時に刑法である。そのため，いわゆる公共政策法務（様々な法律の立法・改正に関わったり，法律の解釈が不明確な際に行政に解釈を明確化してもらうといった活動）を行うに際しては，刑法を踏まえた対応が重要である。例えば，弁護士法72条は非弁活動を刑罰をもって禁止しているが，同条と，リーガルテックといわれる法律・法務分野のテクノロジーの提供との関係が問題となったことがあり，2023年には法務省からガイドラインが公表された（第1章3(4)注20）。松尾・キャリアエデュケーション25-26頁，松尾・キャリアプランニング146頁以下も参照。

[26] なお，家庭・家族間における犯罪についても目を向けるべきである。この点については，深町晋也『家族と刑法――家庭は犯罪の温床か？』（有斐閣，2021年）を参照のこと。

Column 法律書の読み方

　法律書をどのように読むべきだろうか。筆者は，目的から決めればよいと考えている。主に①基礎習得，②理解，③リサーチがある。

　①基礎習得というのは，例えば，その法分野の基礎を習得するため入門書を読む場合である。そうであれば，その本の内容を1行1行読み込むことになる（熟読）。その際は，「はじめに」や「はしがき」と「目次」が重要である。「はじめに」や「はしがき」には，その本の著者の意図が書かれており，それを理解した上で，「目次」でその本の大きな「地図」を理解し，それを踏まえて読もう。途中で引っ掛かりを覚えたり，よくわからなかったりする記載もあるだろう。そういった部分にはひとまず付箋を付け，次に進もう。特に入門書では，ある記載を読んだ段階では理解できなくても，その先を読み進めるとわかってくることがある。最後まで読み終えてから，付箋を付けた部分を見直すと，「わかった！」となることもある。そうしたら，付箋を外す。それでも付箋が残る部分は，友人や先生に聞いて疑問を解消することが考えられる。

　②理解のための読み方は，一通り刑法の基礎は習得しているという前提で，最近出版された面白そうな刑法の本を読むようなものである。既に基礎を習得していれば，各項目のタイトルから，どのようなことが書かれているか予想がつくだろう。その予想が当たっているか外れているかを確かめてみよう。予想どおりのところはサラッと，予想外のところではゆっくりという緩急をつけるのがよい。それによって，既に知っていることとの「差分」を効率よく習得することができる。

　③リサーチのための読み方というのは，レポートの作成や実務における問題解決のため，例えば「ディープフェイク画像についてどのような犯罪が成立するか」といった問題意識を持って読む場合である。この場合には，1冊の本のうち数頁だけを読めばよい。ただどの本のどこに当該「読むべき箇所」があるかが問題となる。「何でも書いている分厚い本（逐条解説等）」の目次や索引を使って条文や項目名で該当ページを探すとか，そのテーマについて書いている実務書や体系書の目次や索引を使って条文や項目名で該当ページを探すといった方法が考えられる。

第4章
憲法入門

1 はじめに

　憲法の学習では，とりわけその初めの方で歴史や政治の話が出てくる場合が多い[1]。また，憲法問題を検討する前提として，例えば旧優生保護法[2]等の行政法が存在し，その法令やそれに基づく行政処分等が違憲ではないかなどが問題となることから，行政法（第8章参照）の知識も必要である。かつ，司法権や憲法訴訟等（5(7)参照）の学習においては，訴訟法等の知識も必要である（第5章・第6章参照）。さらに，憲法の統治分野は政治学に関する様々な知見，例えば政治史，政治思想等，法律の条文解釈に関する知識以外の教養が前提となる。このように，多分野の前提知識が必要になることが憲法の難しさの1つである。

　また，特に人権分野（4参照）は，条文が極めて抽象的であって，それを解釈で補う必要がある。学説による解釈の重要性は否定できないが，既に判例（第1章4参照）が存在していればそれを無視することはできない。そこで，各条文の解釈を理解したり具体的な事例に当てはめる上では，必ず関係する判例が存在しないかを考え，存在すればそれを参照し，検討の手がかりとすべきである。

---

1) 例えば憲法学読本3頁以下［安西］参照。
2) 旧優生保護法を違憲とした最大判令和6・7・3民集78巻3号382頁参照。

このように，必要な前提知識が多く，それに加えて，判例や学説も学ばなければならないということで，憲法に対する苦手意識を持つ学生もいることだろう。しかし，法学部では憲法が必修であることは多いし，法律系の資格試験や公務員試験等の試験科目としても，憲法を学ぶ必要性は高い。また，個人的には，「切り札」としての人権の働き[3]——すなわち少数派であっても，その人権を守るため，最後は裁判所が特定の法律や行政処分を違憲としてこれを無効とすることができるということ——は大変興味深いと考える。ぜひ前向きに憲法を学んでほしい。

　これまでも読者のみなさんは高校の公共や政治経済等の授業で，憲法について学んできたであろう。これは大学における憲法の学習の基礎となるものの，大学で学ぶ憲法学そのものではない。高校までに学んだ内容と大学で学ぶ内容を比較すると，基本的には，「憲法に基づく国家制度の現状」を説明するのが高校までの憲法に関する学びである。それを基礎として，「本来どうあるべきか」を検討し，その現実のあり方について問題があれば論理立ててそれを指摘し，例えば「そのような法律はそれよりも上位にある憲法に違反しており，無効だ」と説明できるようにするのが大学における憲法の学びといえるだろう。その意味で憲法は高校までの学びを活かしながらも，現状の説明にとどまらず，実務で生起する問題の解決や，現状変革の指針まで学べる大変楽しい科目だといえる。

2　憲法の学習を通じて習得したい事項

　特定の立法や行政の処分について，憲法上の問題，例えば人権や

---

[3]　長谷部恭男『憲法〔第 8 版〕』（新世社，2022 年）113-114 頁。なお，切り札としての人権以外にも憲法上権利として認められるものが存在することにつき，憲法学読本 61 頁［巻］参照。

統治機構に関する憲法の規定との関係における問題を発見した上で，その問題についてどのように考えるべきか，判例・通説・実務等を踏まえて論じることができるようになることが期待される。

人権分野についての試験であれば，例えば，現実のまたは架空の法律の規定や行政の命令等により，特定の行為が禁止されたり，または特定の行為を行うことが義務付けられたりした場合に，その行為をしたい／したくない／してしまった者が憲法上どのような主張（このような理由で違憲であるなど）ができるか，そのような主張が裁判所等において認められるべきか述べさせるといった問題が考えられる（集会が禁止された場合を考える下記6参照）。

統治分野の試験では，出題者にもよるが，例えば判例や学説の見解を敷衍（ふえん）（詳しく説明）させたり，重要な論点が含まれる事例の合憲性（憲法に違反するか）等を検討させたりすることが考えられる。

3 統治分野・人権分野を通じて留意すべき事項

憲法は基本的には国との関係を規律するものであり（4(4)も参照），例えば人権規定は国家が名宛人となると解されている[4]。よって，憲法を守るべきは政府（国，自治体等）である。

民法（第2章参照）と比較すると，憲法は明らかに条文が少ない。これを「覚えることが少なくて簡単だ」と考える人もいるかもしれない。しかし，「条文を見ても書いてないことが多い」と考えれば，難しいという評価もできるだろう。

だからこそ，具体的な事案を通じて，その一見すると抽象的な規定について，具体的イメージを持つことが重要である。例えばそれぞれの人権規定において，典型的に想定される「違憲な法令」や

---

4) 憲法学読本74頁［巻］参照。

「違憲な行政処分」というものとしてどのようなものがあり得るかを理解することが重要である（序章3(2)参照）。また，判例を原告側，つまり，人権侵害や，憲法の統治に関する規定に違反していると主張して憲法訴訟を提起する人の立場で読み込むことも有益である。また，過去の重要判例における原告の立場，例えば，特定の法律によって人権が侵害されたという人が憲法違反を理由に裁判所に訴え（ようとし）たという状況を想定して，具体的にその憲法上の主張はどのようなものだったのかを理解すべきである。その上で，それに対する被告側の反論は何だったのか，いずれの主張が裁判所によって認められたのか，その理由はなぜかを考えるということを通じて，現実において憲法問題はどのように立ち現れ，また，どのように裁判所が憲法の抽象的規定を解釈してこれらの憲法問題を解決していく／いったのかを理解してみよう。

4　人権分野のポイント

(1) 個人の尊重の大変さ

　憲法13条は「個人の尊重」を謳う。それぞれ人は違っていて，異なる価値観を持っているものの，それぞれがかけがえのない個人として尊重される。表面上は「なるほど」と思うし，そのすばらしさは一見明らかなように思われる。

　ただ，その意味は，世の中に「あなたと意見の違う人」がたくさん存在するところ，その現状が是認されている，ということである。実際，SNSでも，学校でも，社会に出た後の会社でも，「あなたと違う意見を持っている人」は多い。その結果として，自分の意見は簡単に通らない。別の人たちが自分と違う意見で方向性を決めてしまい，自分として不満を持つことも多いだろう。そして，特にSNSでは，「意見が対立するグループ同士で論争中に，どんどんエ

スカレートしてトラブルを引き起こす」事態が頻繁に発生する。

　もし日本国憲法が「日本国民は右向け右（または，左向け左）」として，1つの考えを採用するよう強制していれば，このような対立が（少なくとも表面上は）なくなる。トラブルは減るし，政府の統治も楽になる。例えば，「政府が述べたとおりに国民が動く」という方針の国では，政府が何か政策を推進したければ，一方的に「やる」とアナウンスするだけでよい。そうすると，わざわざいろいろな意見を集約し，ああでもない，こうでもないと調整して，それでも結局不満な人が多く，批判されるといった状況はなくなるだろう。

　では，それにもかかわらず日本国憲法があえて「大変な道」である「個人の尊重」を選んだのはなぜか。そこが，たぶんみなさんがなぜ憲法の授業で「歴史」を習うかということと関係している。つまり，歴史上はいろいろな選択肢があり，例えば，宗教について「この国はキリスト教だけを認める」としたこともあったが[5]，いろいろな反省（例えばキリスト教徒ではない少数派が迫害される等）を踏まえて，それぞれの宗教やそれぞれの価値観は「どちらが正しい」ではなく「それぞれ尊いのだ」と考えるに至ったということである。その結果，「個人の尊重」というある意味ではとても大変なことをやるとあえて選択した，ということである[6]。

(2) 「嫌われている人」の権利が重要である

　上記（(1)参照）の観点からすると，もし，高校までの「人権教育」の時間に，「他の人に迷惑をかけてはいけません」と習ったとすれば，それは，多数の異なる価値観を持つ人がいる社会で，いかに円

---

[5]　なお，現時点においても「国教」を定めている国が多数存在する。

[6]　長谷部恭男『憲法と平和を問いなおす』（ちくま新書，2004年），同『比較不能な価値の迷路——リベラル・デモクラシーの憲法理論〔増補新装版〕』（東京大学出版会，2018年）を参照。

満に生きていくかを教える「道徳教育」であって、少なくとも「人権教育」そのものではなかったと評することができる。

憲法には、表現の自由（(7)参照）や、平等権（(6)参照）などの様々な権利を規定している。そして、これらは「社会に好かれている人」や多数派にとっては、その日常生活において、あまりにも当然に保護されているものである。例えば、多数派がその考えを発信し、行動をする際には特に何の制約も感じないかもしれない。しかし、少数派は往々にして、自分の言いたいことが言えない、差別される、様々な「壁」が立ちふさがるなどの状況に陥る。例えば、少数派はその声を届けるためにデモ行進等の手法を講じるが、デモを「迷惑」と考える多数派は少なくないだろう。そして、仮に多数派が「迷惑」と考えても、（必要な許可等をとって行う）デモは憲法で認められた、正当な表現の自由の行使である。

そして、少数派が差別され、窮屈な思いをする時、憲法や人権がその救済のための数少ない手段になるのである。例えば、非嫡出子（婚外子）は典型的な少数派であり、従来は嫡出子（婚内子）よりも相続分が少ない（民法旧900条4号ただし書参照）などという差別を受けてきた。そのような差別があっても、多数派である嫡出子にとっては自分に不利になるものではなく、むしろそれによる利益を享受していた。そのような中で、最高裁[7]は、非嫡出子が相続分において差別を受けていることを違憲（憲法14条1項に反する）とした[8]。

(3) 人権分野の検討手法[9]

人権分野においては、法令や処分等について、それが違憲である

---

[7] 最大決平成25・9・4民集67巻6号1320頁。
[8] 同決定を受け、後に民法が改正され、非嫡出子への差別を内容とする規定が撤廃された。
[9] 以下、憲法学読本82頁以下［巻］を参照している。

という主張としてどのようなものがあるか，裁判所はどのように判断すべきかを論述する能力を培う必要がある（2 参照）。人権分野の事案において，裁判所はどのように合憲性を審査するのだろうか。

まずは，目の前で問題となっている特定の権利が憲法上保障されているかが問題となる（後述の三段階審査〔図式〕においてはこれを「保護範囲」と呼ぶことがある。注 12 参照）。例えば，憲法訴訟の原告（3 参照）が表現の自由が問題となっていると主張する事案において，そこで主張される自由が全て表現の自由として憲法上保障されているとはいい切れない。例えば，犯罪を引き起こそうとする煽動行為（の一部）や，性的表現の一部はそもそも表現の自由の保護の対象ではないとされる可能性がある[10]。

次に，仮に当該自由が憲法上保護されているとしても，原告が問題としている内容がそれを制限・侵害するものかが問題となる（後述の三段階審査〔図式〕ではこれを「制限・侵害」と呼ぶことがある）。例えば，監視，誘導等のソフトな手法による政府行為が表現を委縮させるとしても，それを制限・侵害とはいえないかもしれない[11]。

さらに，このような憲法上保護されている自由が制限・侵害されていることを前提としても，全ての人権は無制約ではないことから，それがどの範囲で正当化されるかを検討する必要がある。

ここで，かかる判断に関しては，従来はいわゆる（違憲）審査基準といわれる考え方が利用されてきた。つまり，裁判所が人権制約の合憲性を判断する際に用いる基準であって，その審査の厳格度（裁判所が立法府の判断に踏み込むべき度合い）が異なる複数の基準を事案類型ごとに使い分けていた。

これに対し，いわゆる三段階審査（図式）といわれる判断手

---

10) 憲法学読本 150–152 頁［宍戸］。
11) 憲法学読本 87–88 頁［巻］参照。

> **厳格審査基準**：真にやむを得ない利益の保護を目的とし，その利益を保護するための手段が必要不可欠とみなされた規制のみを許容する
> **中間審査基準**：重要な利益の保護を目的とし，その利益を保護するための手段がより制限的でない（他にもっと軽い制限で同じ目的が達成できるものがない）とみなされる規制のみを許容する
> **緩やかな審査基準**：正当な利益の保護を目的とし，その利益を保護するための手段が目的と合理的に関連していると評価される限り，当該規制が許容される

法[12]）が学説上有力化している。この判断手法においては，目的と手段がいわゆる比例原則に適っているかで正当化されるかを判断する。規制手段が規制目的と合理的に関連し（適合性），かつ，規制手段が規制目的の達成にとって必要最小限度であり（必要性），かつ，規制手段の投入によって得られる利益と失われる利益のバランスが均衡を保っていること（狭義の比例性）の3つが全て肯定されてはじめて制限が正当化される。

適合性	規制手段が規制目的と合理的に関連している
必要性	規制手段が規制目的の達成にとって必要最小限度である
狭義の比例性	規制手段の投入によって得られる利益と失われる利益が均衡を保っている

（違憲）審査基準と三段階審査（図式）のいずれを用いるかは，まずは授業を担当する先生の指導に従うべきである。もっとも，いず

12） この三段階審査（図式）の判断手法の特徴として，保護範囲→制限・侵害→正当化という三段階を経る部分が挙げられることもある。もっとも，保護範囲に関する議論や制限・侵害に関する議論に相当するものは（違憲）審査基準を採用する論者も検討していたため，正当化に相当する部分の相違を重要な相違として本文では対比している。この点につき憲法学読本85頁以下［巻］も参照のこと。

れの場合であっても重要なのは，それぞれの権利に関して重要な判例を理解した上で，それをベースとして議論することができるようになることである。試験や実務において，目の前の事案と一番近接する判例は何かを特定し，例えば「この判例と『同じ』であるから同様の基準を用いる（または比例原則に適っているかを審査する上で同様に考える）べきだ」と論じたり，「この判例と似ているけれどもこのように『決定的な違い』があるから，あえて異なる基準を用いるべき」などと論じられるようになることが重要である[13]。

(4) 主体と範囲

外国人や法人に憲法の人権規定が適用されるかは憲法上の重要な論点である。

また，私人間における憲法の適用（私人間効力）も問題となる。私人間には憲法は直接には適用されない（3参照）ものの，憲法の趣旨を取り込んだ形で不法行為（民法709条，第2章7(1)参照）や公序良俗（民法90条，第2章2(3)参照）等の私法の一般規定を解釈適用し，間接的に憲法の人権保障を及ぼすべきとされる。例えば，差別的な契約は公序良俗違反で無効とされるかもしれない。

(5) 幸福追求権

憲法13条は，「すべて国民は，個人として尊重される。生命，自由及び幸福追求に対する国民の権利については，公共の福祉に反しない限り，立法その他の国政の上で，最大の尊重を必要とする。」とする。前段で個人の尊重を定め（(1)参照），後段で幸福追求権を定

---

13) もちろん，「事案はこの判例と同じだが，このような意味でこの判例は間違っており，判例変更されるべきだから，異なる基準等を用いるべき」と論じることもあり得る。このような判例をベースにした議論全般につき第1章4参照。

める。幸福追求権は個別の人権規定（14条以下）の解釈では導き出せないものを受け止める機能がある。13条を根拠に求められるものとして，名誉権等の人格権として保障される権利が挙げられる。

(6) 平等権

憲法14条1項は「すべて国民は，法の下に平等であつて，人種，信条，性別，社会的身分又は門地により，政治的，経済的又は社会的関係において，差別されない。」とする。ここで，単に「区別」があるだけでは，ただちに14条違反になるものではない。「区別」は日常的に行われており，直ちに問題があるものではない。例えば，入試で「合格と不合格」という「区別」がされる，人事評価で「昇進できる／できない」という区別がされる。そして，14条が求める平等とは，等しいものは等しく，等しくないものは等しくなく取り扱うことを内容とする相対的平等を意味する[14]。よって，それが合理的な区別であれば14条に違反しないことになる。だからこそ，専門課程での憲法の学習を通じて，何が合理的区別で何が憲法に違反する差別なのかを学んでいくことになる。

(7) 表現の自由その他の精神的自由権
(a) 表現の自由

憲法21条1項は「集会，結社及び言論，出版その他一切の表現の自由は，これを保障する。」と定める。表現の自由の保障の趣旨としては，①自由な表現活動によるコミュニケーションが個人の人格の発展に不可欠であるという側面（自己実現）と，②民主主義社会の維持発展に奉仕するという側面（自己統治）の双方がある。加えて，③ある思想の正しさは他の思想との自由競争によって確証さ

---

14) 憲法学読本108頁［安西］。

れるべきで，不人気な思想といえども「市場」への登場を拒んではならないこと（思想の自由市場論）も重要である。

　21条の文言からは，同条の規律対象が表現を禁止・制限されないことに限られると受け取られるかもしれない。しかし，判例・通説によれば，表現された情報を受領する権利，すなわち知る権利も保障されており，これには，情報の受領を妨げられないという側面と，情報の開示を求め得るという側面の双方がある[15]。加えて，SNS等の重要な表現の媒体が利用できなくなれば，実質的に表現の自由が大きく制約される。このように表現の媒介のあり方は表現の自由の内容に大きな影響を与える[16]。

　表現の自由については，前述のように，煽動や性表現の一部が憲法による保障の対象の外（保護範囲外）とされる可能性がある（(3)参照）。また，規制方法の類型に応じた議論が行われているので，このような点についても学んでいく必要がある。

　なお，憲法21条2項は「検閲は，これをしてはならない。通信の秘密は，これを侵してはならない。」として検閲の禁止と通信の秘密の不可侵を定める。

(b) その他の精神的自由権

(i) 集会・結社の自由

　上記のとおり憲法21条は集会，結社の自由をも保障する。集会の自由は，集会を開催し，または集会に参加することを公権力によって妨害されない自由（積極的集会の自由）と，集会を開催せず，集会に参加しない自由，すなわち，集会を開催し集会に参加するよう公

---

[15] 憲法学読本162頁以下［宍戸］。
[16] 例えば，2024年にプロバイダー責任制限法を改正してできた情報流通プラットフォーム対処法は，情報プラットフォームに誹謗中傷等の削除体制等を構築するよう求める。2025年には米国においていわゆるTiktok禁止法により一度Tiktokのサービスが停止した後，また復活する等の状況が生じている。

権力によって強制されない自由（消極的集会の自由）を含む。集会に関する具体的な事例としては，公共施設の利用拒否が問題となる[17]。

地方自治法は，地方公共団体の設置する公共施設について「正当な理由」がない限り住民の利用を拒否できないこと，住民の利用に不当な差別的取扱いをしてはならないことを定める（244条）。泉佐野市民会館事件（最判平成7・3・7民集49巻3号687頁）においては，市民会館の使用許可申請がなされたのに対し，地方自治法が申請拒否を可能とする「正当な理由」の具体的な内容を定めた，同市の市民会館条例の「公の秩序をみだすおそれがある場合」に当たるとして，市長が不許可処分を行ったことが争われた。

最高裁は，次のように判断した。すなわち，市民会館の利用を市が拒否し得るのは，他の団体等との利用の希望が競合した場合以外には，他の基本的人権が侵害され，公共の福祉が損なわれる危険がある場合に限られるところ，集会の自由はその危険を回避し，防止するため必要かつ合理的範囲で制限を受けるとした。その上で，条例の「公の秩序をみだすおそれがある場合」とは，集会の自由を保障することの重要性と，集会が開かれることで生命・身体・財産・公共の安全等が損なわれる危険を回避，防止する必要性を比較し，後者が優越する場合に限られるとした。その危険としては，単に危険な事態を生ずる蓋然性があるというだけでは足りず，明らかな差し迫った危険の発生が客観的事実に照らして具体的に明らかに予見されることが必要とした。そして，当該事案における不許可処分は，会館職員，通行人，付近住民等の生命・身体・財産が侵害される事態を生ずることが客観的事実により具体的に明らかに予見されたことを理由とするもので，憲法21条等に反しないとした。

この事案では，当該集会の主催者側（使用許可を申請したグループ）

---

17) 憲法学読本174頁以下［宍戸］。

が実力行使を行う危険があったことが合憲とされた重要な理由となっている。この点で，主催者が平穏に集会をしようとしているのに対立グループが暴力等でこれを妨害しようする場合とは異なる（上尾市福祉会館事件判決・最判平成8・3・15民集50巻3号549頁参照）。

(ii) 思想・良心の自由

憲法19条は「思想及び良心の自由は，これを侵してはならない。」とする。判例上，例えば，小学校の音楽教師が自身の歴史観や世界観に反するとして，国歌斉唱の際に「君が代」のピアノ伴奏をしないことや，起立して君が代を斉唱しないことなどに関し，思想および良心の自由が問題となった。

なお，内心に直接介入することは従来は技術的に困難であったが，最近はブレインテック等と呼ばれる技術が発達し，技術的には内心の読解や内心への干渉も可能となったことから，そのような技術を社会に実装する際において，実務上，どのように思想・良心の自由に配慮するかが問われている[18]。

(iii) 信教の自由と政教分離原則

憲法20条1項前段は「信教の自由は，何人に対してもこれを保障する。」とし，同項後段は「いかなる宗教団体も，国から特権を受け，又は政治上の権力を行使してはならない。」とする。前段において各人に対し人権として信教の自由を保障するとともに，後段において政教分離原則を定めている[19]。

(iv) 学問の自由

憲法23条は「学問の自由は，これを保障する。」として，学問の自由を定める。研究を行ってそれを発表することは表現の自由（憲法21条）による保障の対象である。しかし，歴史的な経緯，例えば，

---

[18] 小久保智淳「『認知過程の自由』研究序説：神経科学と憲法学」法學政治學論究126巻（2020年）375頁以下参照。

[19] 憲法学読本130頁［安西］。

明治憲法下において，学者が提唱する学説の内容が問題視されて攻撃を受けた滝川事件や天皇機関説事件等が発生したことを踏まえ，憲法は特に23条を設けて学問の自由を保障している[20]。

(8) 経済的自由権

(a) 職業選択の自由

憲法22条1項は「何人も，公共の福祉に反しない限り，居住，移転及び職業選択の自由を有する。」と規定する。選択の自由だけを認めても，遂行の自由が認められなければ無意味であることから，職業選択の自由に加え，職業遂行の自由も含まれる[21]。

職業遂行の自由を制限する法令は多い。薬局の開設を制限する薬事法（当時。現在は薬機法と呼ばれる）を違憲とした薬事法判決（最大判昭和50・4・30民集29巻4号572頁）等の違憲判決も存在する。実務においても，自社や自業界への過剰な規制が職業遂行の自由を侵害するとして，その違憲を主張するような場合もある[22]。

(b) 財産権

憲法29条は以下のとおり定める。

「①　財産権は，これを侵してはならない。

②　財産権の内容は，公共の福祉に適合するやうに，法律でこれを定める。

③　私有財産は，正当な補償の下に，これを公共のために用ひることができる。」

---

20) 渡辺康行ほか『憲法Ⅰ〔第2版〕』（日本評論社，2023年）211-212頁［松本和彦］。
21) 憲法学読本185-186頁［巻］。
22) ただし，一度法律が作られてから職業遂行の自由の侵害を主張するよりは，法律が作られるまでの過程（第1章2(5)参照）において，「違憲になることを避けるため，規制をよりマイルドなものとすべきだ」などと憲法を根拠に規制の内容を適切なものへと導く方が筋がよいかもしれない（第1章5(6)等参照）。

1項で財産権不可侵が謳われているものの、2項で財産権の内容を法律で定められるとしている。もし、「財産権」の内容を法律で自由に定められるのであれば、憲法が財産権を不可侵とした意味がなくなってしまう。そこで、1項と2項の関係が問題となる。この点は、財産権の保障に対応して国家は、その前提となる法制度を設営する憲法上の義務を有するところ、法制度の内容に関する立法裁量に対し、憲法上の限界を画するのが財産権を憲法上保障することの意味だとされている[23]。

(9) 社会権

近代においては、国家「からの」自由（自由権）が重要だといわれていた。例えば、特定の表現が規制されることに対し、表現の自由で対抗するというものである（(7)(a)参照）。しかし、資本主義の進展に伴う社会における事実上の不平等の拡大に直面し、社会経済的弱者を保護するために、私的自治の原則を修正し、国家による給付が要請されるようになった。このような国家の社会に対する積極的介入を要請するのが社会権である[24]。例えば、健康で文化的な最低限の生活を営む（生存権。憲法25条）ための生活保護費の給付等、国家の積極的な活動（積極国家）を求める。これを国家「による」自由と呼ぶ。社会権としては、生存権のほかに、教育を受ける権利（26条）そして労働基本権（28条）が挙げられる。

5 統治分野のポイント

(1) 統治分野の重要性

我々の日常生活は、上下水道、ゴミ処理、公営交通機関等、様々

---

23) 憲法学読本 196-197 頁 [巻]。
24) 憲法学読本 234 頁 [巻]。

な行政サービスによって支えられているところ，これは内閣に属する行政各部（および地方自治体）によるものである。そして，行政や民間の遵守すべきルールを定める法律は国会によって制定される（第1章2(5)参照）。またトラブルが発生した場合に最終的に解決するのは裁判所である。憲法の統治に関する規定は，このような我々の生活にとって密接な国会，内閣および裁判所等について定めている。

統治分野を人権分野より先に学習する大学もあるところ，統治は人権よりも「とっつきにくい」かもしれない。しかし，このように生活に密接に関連するので，ぜひ前向きに学習していただきたい。

(2) 統治分野の学び方

統治分野を学ぶ際は，憲法が国会・内閣・裁判所の三権についてどのような権限と責務を与え，どのような協働を想定するかを把握した上で，当該権限の憲法上の限界（例えば，裁判所がどの範囲の事案を裁くことができるか，(7)参照）や理由を理解することが重要である。

また，憲法のルールは抽象的であるが，具体的には法律等の，憲法よりも下位の法令（第1章2(1)参照）によって実現される。これらの法令や，法令に基づいて行われる実務の内容や，それが憲法の観点からどのように評価されるのかを学んでいこう。例えば，国会に関する憲法のルールであれば国会法等において具体化されている。

さらに，それぞれの憲法の規定が適用された具体的な事案（裁判所において判断されたものに限られない）を意識して学ぶことで，抽象的な憲法の要請が具体的にどのような局面で問題となり，どのラインを超えると違憲となるかを理解するべきである。例えば，憲法58条2項は「両議院は，各ゝその会議その他の手続及び内部の規律に関する規則を定め，又，院内の秩序をみだした議員を懲罰することができる。但し，議員を除名するには，出席議員の三分の二以上の多数による議決を必要とする。」とする。一見すると無味乾燥

にも思われる規定であるが，外国に滞在して登院しなかった議員が除名された2023年の事案等，具体的な事案をイメージしながら読めば，生き生きとしてこないだろうか。

(3) 代表民主制

日本の国政では，国民投票等の直接民主制を採用していない。有権者が（国会）議員を選出し，議員が立法を行う政治制度である代表民主制を採用している。この点を押さえた上で，選挙制度や選挙に関する原則，そして政党やその位置付け等を理解する必要がある。

(4) 国　会

国会については，その地位，組織および権能が問題となる。例えば，地位については，国会は全国民の代表機関（憲法43条1項），国権の最高機関（41条前段），および，唯一の立法機関（41条後段）であるとされる。それらの意味や趣旨を理解した上で，例えば，国会が唯一の立法機関とされているところ，内閣が政令を定め，各省庁が省令等と呼ばれる規則（第1章2(1)参照）を定めることができるのはなぜかなど，憲法の抽象的規定だけを見ると一見それに違反しているようにも思われる実務運用について，一般にはそれが合憲と解されているロジックを説明できるようになるべきである[25]。

(5) 内　閣

行政権は，内閣に属する（憲法65条）。実は，ここでいう行政権

---

25) 憲法学読本288頁以下［安西］。なお，ある実務が現に存在するからといってそれが常に合憲・合法とは限らない。例えば，法律が委任しているから政令・規則が合憲だというロジックによって，相当部分の政令・規則の合憲性を説明することができるものの，具体的な規定の内容によっては，法律による委任の範囲を超えるとして違法とされる（この点は，例えば憲法学読本290頁，291頁注＊＊［安西］を参照）。

の意義は，難しい問題であり，様々な考え方がある。現在の通説は，行政権とは国家作用のうちから立法作用と司法作用を除いた全ての作用であるとする控除説であるが[26]，基礎を学んだ後の専門課程でより深く学び，自分でも考えてみてほしい。

内閣の職務は73条に列挙されており，法律の誠実な執行，国務総理，外交関係処理，条約締結，官吏（公務員）に関する事務の掌理，予算案の作成・提出，政令の制定，恩赦の決定，他の一般行政事務の遂行が挙げられる。

(6) 議院内閣制

日本は国政において議院内閣制の統治構造を採用した。つまり，議会と政府が一応分立していることを前提に，行政権を担う内閣が議会に対して政治責任を負うという制度である[27]。このような統治構造の下では，国会と内閣の関係において，協働する部分と牽制する部分があることを押さえておくのが重要である。

協働については，内閣提出法案が中心となって法律が制定される，法律レベルで詳細に定められないものを政令・規則に委任する，予算を内閣が作成して国会で議決する，条約を内閣が締結して国会で承認するなど，様々な協働関係を挙げることができる。

牽制については，国会による政府に対する統制が重要である。すなわち法律による行政の原理（第8章参照）に基づき，内閣（憲法73条1号前段）に加え，内閣に属する行政各部は法律の誠実な執行に携わり，また，国会は内閣に対し，質問・質疑・報告徴収等を行い（63条），国政調査（62条），衆議院による内閣不信任決議等の決議（69条），財政統制（83条）の方法で統制する。逆方向の牽制としては，内閣による衆議院の解散（69条）が挙げられる[28]。

---

26) 憲法学読本309頁［巻］。
27) 憲法学読本306頁以下［巻］。

(7) 裁判所

憲法76条1項は「すべて司法権は，最高裁判所及び法律の定めるところにより設置する下級裁判所に属する。」と規定する。裁判所は，既存の法の解釈・適用により紛争を解決し，国民の権利・利益を擁護する機能（争訟解決）と，行政裁判や違憲審査権の行使を通じて，法の支配の維持に奉仕する機能（法的統制）を有する[29]。

前者の争訟解決機能については，裁判所がどのような事案を取り扱うことができるかに関する「法律上の争訟」（裁判所法3条1項）の概念に関する判例および学説を理解する必要がある[30]。

後者の法的統制については，裁判所が違憲審査権を持つが，それは裁判所に持ち込まれた具体的な事案の判断に即して行われる付随的違憲審査制であって，それを超えて，例えばある法律が制定されたというだけでそれに違憲・合憲の判断を行うことができるような抽象的違憲審査制ではないことを押さえておく必要がある。また，違憲審査の対象・方法，違憲判断の効力等も重要な学習事項である。

6 事例問題の検討手順

(1) 問 題

> Xは新空港反対全国総決起集会の開催のため，Y市民会館の使用許可を申請した。Xと対立するグループZが存在し，Xが平穏に集会を開催しようとしているのにZが暴力等で集会を妨害し，会館職員，通行人，付近住民等の生命・身体・財産が侵害される事態を生ずることが客観的事実により具体的に明らかに予見されたた

---

28) 不信任決議が可決された場合（69条）以外に解散ができるか，その憲法上の根拠が何か，解散権に限界はあるかなどの議論がある（渡辺康行ほか『憲法II』（日本評論社，2020年）224頁以下［松本和彦］）。
29) 憲法学読本326頁［宍戸］。
30) 憲法学読本332頁以下［宍戸］。

め，Y市長は同市条例の「公の秩序をみだすおそれがある場合」に当たるとして不許可処分とした。裁判所として，Xが行うと思われる憲法上の主張を踏まえ，どのような判断をするべきか。

(2) 解答例

1 Xは，不許可処分が集会の自由（憲法21条1項）を侵害するという憲法上の主張を行うと思われる。これを踏まえ，裁判所は，Y市条例の合憲性およびその「公の秩序をみだすおそれがある場合」の該当性をどのように判断すべきかを検討する。

　地方自治法244条により設けられた市民会館につき，住民は，その施設の設置目的に反しない限りその利用を原則的に認められる。よって，その管理者が正当な理由なくその利用を拒否するときは，憲法の保障する集会の自由の不当な制限につながるおそれが生ずる。したがって，Y市条例の「公の秩序をみだすおそれがある場合」の解釈にあたっては，市民会館の使用を拒否することによって憲法の保障する集会の自由を実質的に否定することにならないかどうかを検討すべきである。

2 当該検討に関し，泉佐野市民会館事件最高裁判決は，人権としての集会の自由の重要性と，当該集会が開かれることによって侵害されることのある他の基本的人権の内容や侵害の発生の危険性の程度等を較量して判断するとした。そして，「公の秩序をみだすおそれがある場合」を，集会の自由を保障することの重要性よりも，会館で集会が開かれることによって，人の生命，身体または財産が侵害され，公共の安全が損なわれる危険を回避し，防止することの必要性が優越する場合をいうものと限定して解すべきであり，その危険性の程度としては，単に危険な事態を生ずる蓋然性があるというだけでは足りず，明らかな差し迫った危険の発生が具体的に予見されることが必要であると解し，その限りで，同市の市民会館条例は集会の自由を侵害しないとした。

　そして，同判決は，会館職員，通行人，付近住民等の生命・身体・財産が侵害される事態を生ずることが客観的事実により具体的に明らかに予見されたため，「公の秩序をみだすおそれがある場合」に該当するとして，利用拒否を正当とした。

　しかし，同時に，主催者が集会を平穏に行おうとしているの

に，その集会の目的や主催者の思想，信条に反対する他のグループ等がこれを実力で阻止し，妨害しようとして紛争を起こすおそれがあることを理由に公の施設の利用を拒むことは，憲法21条の趣旨に反するともしている。
3 本件において，確かに会館職員，通行人，付近住民等の生命・身体・財産が侵害される事態を生ずることが客観的事実により具体的に明らかに予見されており，上記判決のいう「公の秩序をみだすおそれがある場合」に該当する可能性自体は存在する。

しかし，上記判決の事案と異なり，本件は，主催者であるXが集会を平穏に行おうとしているのに，反対するZのグループ等がこれを実力で阻止し，妨害しようとして紛争を起こすおそれがある事案である。このような場合に市民会館の利用を拒むことは，Zの妨害工作にY市長が加担したも同然であり，集会の自由を保障した趣旨に反する。

よって，本件では，条例の拒否要件に該当しないと解すべきところ，それにもかかわらずY市長が行った不許可処分は条例に違反するものであって，同時に地方自治法244条に違反する違法なものであり，かつ集会の自由を侵害する違憲無効なものであることから，裁判所は，不許可処分を取り消すべきである。

以上

(3) 解 説

この事案はまさに泉佐野市民会館事件をベースに，少し事案を変更したものである。憲法の試験においては，「有名判例の事案を少し変えて出題し，その有名判例を本当に理解しているかを問う」といった問題がよく出題される。そこで本件についても，憲法21条の集会結社の自由という，問題となる権利を特定した上で，泉佐野市民会館事件判決を参照して判断を行うことになる。

上記（4(7)(b)参照）のとおり，泉佐野市民会館事件判決において，最高裁は，集会の自由を保障することの重要性と，集会が開かれることで生命・身体・財産が侵害されて公共の安全等が損なわれる危険を回避，防止する必要性を比較し，後者が優越する場合にのみ条

例の「公の秩序をみだすおそれがある場合」に該当するとした。

そして，確かに本件では，会館職員，通行人，付近住民等の生命・身体・財産が侵害される事態が客観的事実により具体的に明らかに予見されている。しかし，本件と泉佐野市民会館事件の間には，重要な相違がある。つまり，泉佐野市民会館事件は主催者が暴力的行動を行っていた。それに対し，本件では，主催者は集会を平穏に行おうとしているのに，第三者がこれを妨害しようとしている。

もし，第三者の暴力的妨害を理由に公共施設の利用を拒むことを認めれば，いわば第三者による集会の自由の妨害に，市長が加担したことになりかねない。そこで解答例では，本件においてY市長が市民会館の利用を拒んだことは，Xの集会の自由を侵害する（または集会の自由を認めた憲法21条の趣旨に反する）ため，裁判所は不許可処分を取り消すべきと論じた[31]。

7 憲法と実務とのつながり

(1) 企業の非法務担当者の業務とのつながり

民間企業で働く人にとって憲法は不要なのだろうか。この点は筆者としては声を大にして「No!」と言いたい。例えばSNS運営企業を考えてみよう。その企業が日々扱っている投稿等は，まさに「表現」である。そして私人間効力（4(4)参照）により，例えば民法709条（不法行為）や民法90条（公序良俗）等の解釈を通じて，憲法の表現の自由（4(7)(a)参照）の価値は私人間の関係にも影響を及ぼす。例えばインターネットの誹謗中傷は重大な被害をもたらしており，

---

31) なお，前掲上尾市福祉会館事件（4(7)(b)参照）では，警察の警備等によってもなお混乱を防止することができないなど特別の事情がある場合には，かかる第三者の妨害を理由として利用を拒絶できるとしているが，本件においてかかる事情の存在は明らかではない。

SNS 運営企業その他のインターネット関連企業は情報流通プラットフォーム対処法（4(7)(a)参照）等に基づき真剣に取り組むべきではあるものの，例えば正当な批判なのに削除するとか，軽微な違反のみで反省している人のアカウントを永久に凍結する等，誹謗中傷対策の行き過ぎがあれば，それはむしろ問題である[32]。そこで，憲法上保障される表現の自由と，同様に保障される名誉権（4(5)参照）等の間で適切にバランスを取り，調整していかなければならない。特にインターネット，テレビ，新聞，雑誌等のメディア企業においては，このような憲法の知識が実務に生きることが多い。また，IT 企業では通信の秘密（4(7)(a)参照）の保護への配慮が重要である。

(2) 企業の法務担当者の業務とのつながり

特にメディア企業等，表現の自由と名誉権等の間で適切にバランスを取り，調整する必要がある場合，企業の法務担当者は，その社内ルール作りや，具体的な事案の判断に関与する。そこで，それ以外の部署の担当者以上に，憲法の知識が重要な役割を果たす。

(3) 公務員の業務とのつながり

憲法尊重擁護義務（憲法 99 条）を引くまでもなく，公務員にとって，憲法は極めて重要である。もちろん，公務員が日々遂行する業務の根拠となる法律は，憲法適合性について立法過程で内閣法制局等の審査を経ている（第 1 章 2(5)参照）ことから，「目の前の法律を遵守していれば結果的には憲法を遵守できている」ということは多いだろう。また，業務の遂行に際し，それぞれの法律においてなぜここまでしか行政が権限を行使できないのかとか，なぜある行政施策について手続上の制限が存在するのか疑問に思うことあるかもし

---

[32] 松尾剛行「プラットフォーム事業者によるアカウント凍結等に対する私法上の救済について」情報法制研究 10 巻（2021 年）66 頁参照。

れないが，調べてみると憲法上の理由があったりする。加えて，公務員試験において憲法が非常に重要であることはいうまでもない。

(4) 弁護士・法曹の業務とのつながり

弁護士は，上記（(1)(2)参照）のメディア企業の誹謗中傷事件などのような憲法的検討を行うべき事案の支援を行う場合がある。

また，行政法の案件において，憲法上の権利を主張することで，行政裁量の制限を試みる，あるいは刑事事件において，捜査手続の憲法上の権利侵害（黙秘権侵害等）を主張するといった形で，依頼者のため，憲法上の主張を行うこともある。

なお，憲法を根拠とした立法や法改正を目指す公共政策法務対応等においても，憲法が重要である。裁判所で憲法違反を主張することで，かつて国会の議論で十分配慮されなかった少数派の人権侵害を訴え，その判決によって取扱いを変えられることもある[33]。

検察官・裁判官も，このような憲法上の主張が行われる事案における対応を行うことになる。

(5) その他の実務とのつながり

筆者は放送倫理・番組向上機構（BPO）人権委員会という，テレビ・ラジオによる人権侵害が主張された場合の救済機関で委員を務めているが，このように民間において憲法を踏まえて人権対応・人権擁護を行う組織も存在する。

---

[33] また，弁護士の役割に限られないものの，立法過程において，憲法の観点から規制の内容を適切なものとするよう導くこともあり得る（4(8)(a)参照）。

Column 類型ごとの法律書の特徴

　法律書の数は多く，どの本をどのように利用すればいいかがわからないことも多い。類型ごとにその特徴を簡単にまとめてみた。

　入門書は，読者に対して細部にわたって理解することを求めていないので，「枝葉」の部分は思い切りよく切り捨ててある。具体例を用いるなどしながら，重要な「幹」の部分が丁寧に解説されているので，その本を読み終えれば，当該法分野の基礎を理解することができる。

　教科書・体系書は，その法分野における標準的な議論（および著者の自説）をまとめている。教科書は，授業で教科書指定することが想定される。特に法学者が自らの体系に沿って議論と自説をまとめたものは体系書と呼ばれる。まずは，自分が受講する授業で指定された教科書をベースに学んでいくべきである。授業の予習として教科書を読んでおいて，わからないところを解消しようと授業を聞き，解消されなければ先生に聞くという進め方が考えられる（序章4(1)参照）。

　実務書は，実務上の問題への対応方法がまとまっている。学生はレポート作成等の際に参照できるだろう。判例や実務における取扱いがベースとなっており，学説に関する言及が少ないことが多いので，学説をまとめることが求められる課題には向かないかもしれない。

　逐条解説書は，コンメンタールとも呼ばれ，特定の法律の条文ごとに詳細な解説がなされる。リサーチ（第3章Column参照）の際は逐条解説書で確認することですぐに結論を得られることも多い。ただし，プロ向けの，いわば「圧縮」された記述が多く，初学者はいきなり逐条解説書を読むのではなく，入門書から読むべきである。

第5章
民事訴訟法入門

1　民事訴訟法の学習を通じて習得したい事項

(1) 手続法の特徴を理解する

　民事訴訟法（以下「民訴法」という）は，刑事訴訟法とともに，手続法の典型例である。これまで民法・刑法および憲法を見てきたが，これらはいずれも実体法である[1]。実体法はどのような場合に権利義務が発生したり消滅したりするかを規定している（第1章2(2)参照）。しかし，単に権利義務が発生している，といったところで，相手が義務を履行しない場合には，何らかの方法で権利を実現（＝義務を履行させる）しなければならない。つまり，権利義務についてはそれが発生しているか否かも重要であるが，それだけではなく，それをどのように実現するかも重要である。そして，そのような権利実現の手続を定めた法令を手続法と呼ぶ。

(2) 刑事訴訟法と比較した民訴法の特徴

　上記のとおり，代表的な手続法としては民訴法のほかに刑事訴訟法も存在する[2]。刑事訴訟法は罪を犯したと疑われている者（被疑者）や起訴された者（被告人）について，犯罪を構成する事実の有無を明らかにし，刑罰を科すべきか否かを判断するための手続に関

---
1)　なお，憲法の一部には手続に関する規定も含まれている。
2)　行政事件訴訟法も重要な手続法であり，第8章で触れる。

する法である。刑事訴訟においては，国家機関である検察官が手続を開始し（国家訴追主義，刑事訴訟法247条），有罪判決による刑罰は，加害者に対する制裁と将来の犯罪の抑止を目的とする。

これに対し，民訴法は，民事上の紛争を裁判により解決する民事訴訟手続を規律する手続法である。民法において，コンビニでお茶を買うことは売買契約の締結であって，それによって権利義務が発生するという説明をしたところである（第2章参照）。そして，例えば，代金を支払えとか，お茶を引き渡せといった紛争が生じた場合には，まさに私法上の権利義務の存否・内容をめぐる私人間の紛争が生じている。このような紛争は交渉等の様々な方法で解決される[3]。その中で，当事者が裁判による解決を求めた場合には，民事訴訟の手続が開始される。このように，民事訴訟の手続は私人によって開始され，その請求を認容する判決は権利・利益の侵害に対する救済（代金支払，目的物〔お茶〕引渡し，損害賠償等）を目的とする[4]。

(3) 通常プロセスから異常事態へ

民訴法には，民事訴訟の通常のプロセスおよび「異常事態」に対する対応の双方が規定されている。例えば通常は原告（民事訴訟の当事者の一方で，訴訟手続を開始する側）が訴状（下記〔3(2)(a)〕の例参照）を裁判所に提出して訴訟を開始し，それを裁判所が被告（民事訴訟の当事者の一方で，原告との関係での相手方）に送達する。そして裁判が始まるのが原則である。しかし，例外的に，その時点で被告が既に亡くなっていたという場合がある[5]。その場合にどうする

---

3) 交渉の結果，互譲により解決することに合意する契約が和解契約（民法695条）である。交渉の結果として，訴訟外で和解契約が締結されることを「示談」と呼ぶ。
4) 長谷部・民訴法1-2頁。
5) 筆者も約20年の弁護士生活で一度だけ，訴えた相手が死亡していた，という場合があった。もちろん，訴訟提起準備段階の，住民票で

のかといった異常事態対応についても，民訴法の授業で学ぶ[6]。

そこで，まずは，民訴法の定める民事訴訟手続の「通常の流れ」を理解する必要がある。その上で，例外的な状況において民訴法や関連する判例等がどのような対応を想定しているかを理解することで，目の前の具体的な事案における適切な処理のあり方を説明できるようになることを目標としよう。

2 民訴法の基本

(1) 民事訴訟の全体像

民事訴訟は，以下の図のような過程を経る。

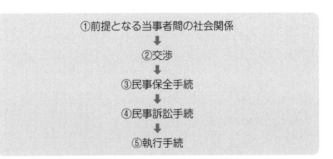

以下，上記で述べた民事訴訟の過程の全体像を素描したい。

事例 5-1：2025 年 4 月 1 日に，AB 間で，A が B にペットボトルのお茶 1 万本を 1 本あたり 100 円，合計 100 万円で売る売買契約を締結したが，B が代金を払わない。

住所を確認する際などに通常は相手の生存を確認するものの，その後訴状を提出するまでに不慮の事故等で死亡することがある。また，訴状提出後裁判所において訴状の審査が行われ，特別送達という郵便局による正式な配達による送達に至るまでに死亡することもある。

6) なお，異常事態対応の一部は民訴法の明文で規定がされておらず，解釈で補う必要がある。

事例 5-1 について考えてみよう。①まずは当事者間において，売買契約が締結され，代金支払に関するトラブルが発生する。これは，民事訴訟の「前提となる当事者間の社会関係」の一例である。

その後，②ＡがＢに対して代金を払えと請求し，Ｂが支払の繰延や減額を求めるといった交渉が行われる。実務では，紛争は（訴訟外の）和解（示談）で解決することも多い。しかし，示談が成立しなければ，④民事訴訟手続を開始することになる。

ただしその前に，③民事保全手続を行うことが望ましい場合も少なくない。民事保全手続は，民事保全法に基づき判決が確定する前に暫定的な措置を講じるものである[7]。例えば仮差押え（民事保全法 20 条以下）であれば，債権者が担保を立てる（金銭等を供託する）ことを条件に，債務者の財産，例えば土地を仮に差し押さえ，その旨を登記等することで，債務者がその土地を第三者に売却しても，なお勝訴判決等に基づき執行できるようにする。例えばＢが不動産を持っていれば，Ａは担保を積んだ上で，Ｂの不動産を仮に差し押さえて，もしＢに 100 万円を払えという判決が出た場合に，きちんとその不動産から回収ができるようにする。この手続を実施しておかないと，いざ判決が出て，執行手続に移行しようにも，Ｂの財産が見つからず，執行することができない（判決が絵に描いた餅になる）という問題が生じる（3(5)参照）。

④民事訴訟手続は，原告（Ａ）による訴状の裁判所への提出から始まる。裁判所は，訴状を審査して形式を満たしていると，それを被告（Ｂ）に送達する。裁判所から見れば，裁判所が原告・被告間の訴えについて審理判断する義務を負うところ，この状態を，訴訟係属という[8]。その後，被告が答弁書を提出し，双方が準備書面を提出する。また，双方はこのような主張を記載した書面に加え，

---

7) 長谷部・民訴法 14 頁参照。
8) 長谷部・民訴法 61 頁参照。

証拠も提出する。裁判所は、これらを踏まえて審理し、判断を行う。

民事訴訟手続の結果、原告の請求が（一部）認容され、当該判断が確定するなどで執行可能となったにもかかわらず、被告が任意に支払わない場合には、⑤執行手続に入る。例えば、AのBに対する100万円の代金支払請求権等の請求権について、民事執行法に基づき、執行官や場合によっては警察官等の公権力の支援を得て実現を図ることができる。例えばBの所有する土地を競売（けいばい）といわれるオークション手続で売り払い、その代金から100万円を回収する[9]。

(2) 民事訴訟手続における判断と契約書の意義

(a) 民事手続における判断の対象

民事訴訟手続においては、現在の権利義務関係（典型的には請求権の存否）が判断される。事例5-1であれば、売買契約に基づく代金100万円の支払を請求する権利が存在するか否か等である。

(b) 民事手続における判断の方法

ところが、権利は目に見えない。権利が見えない以上、民事裁判においては、見えるものを基に権利の有無を判断するしかない。そして、権利と異なり、事実は具体的で証拠に残り、目に見える。例えば、事例5-1において、「2025年4月1日に、AB間で、AがBにペットボトルのお茶1万本を1本あたり100円、合計100万円で売る売買契約を締結した」という事実は「見える」。典型的には、「売買契約書」が作成されていれば、その売買契約書が当該事実を裏付ける証拠となる。だからこそ、法律の世界では、ある事実が存在すれば、権利（請求権）が発生したり消滅したりするとして、事

---

[9] もしその後も債務者Bが任意に土地を明け渡さず、そこに住み続ける場合、競売で落札した買受人の申立てにより引渡命令が発せられ（民事執行法83条1項）、「執行官が債務者の不動産等に対する占有を解いて債権者にその占有を取得させる」（168条1項）形での強制執行（168条）が行われる。

実から権利の有無を判断できるようにした（表参照）。

請　求	例：売買契約に基づく代金支払請求権に基づく100万円の支払請求
主　張	2025年4月1日に，AB間で，AがBにペットボトルのお茶1万本を1本あたり100円，合計100万円で売る売買契約を締結した
証　拠	売買契約書

　民法555条は，述べたとおり（第1章2(2)参照），売買契約の締結という事実があれば，売主Aについては，100万円の代金支払請求権という権利を，買主Bについてはお茶（目的物）の引渡請求権という権利を発生させるという旨を定めている。

　そして，裁判官が全ての問題となる事実についてその存否を確定することができれば，つまり事例5-1ならば確かに「2025年4月1日に，AB間で，AがBにペットボトルのお茶1万本を1本あたり100円，合計100万円で売る売買契約を締結した」という事実が存在したなどとして「権利がある（またはない）」と確定することができれば，何ら問題なく請求権の存否に関する判断を下すことができる。

　ところが，もう1つ重要な点を指摘しておきたい。それは，裁判官が人間だ，ということである。そのため「事実があるかわからない」（真偽不明）という状況に陥ってしまうことがある。

　民事訴訟手続においては，両当事者が争点に関して主張し，自己の主張を裏付ける証拠を提出する。ここで，裁判所がある事実，例えば売買契約締結の事実があったと認定するには，裁判官の心証がどの程度にまで達しなければならないか（どの程度確からしさが認められる必要があるか）という問題があり，これは証明度の問題として論じられている[10]。判例によれば，当該事実が存在することを高度の蓋然性をもって確信することが必要であるとされる（最判昭和

50・10・24 民集 29 巻 9 号 1417 頁)[11]。そこで，ある事実（例えば売買契約締結の事実）の存否が争われる場合において，これを肯定する方向の一定の証拠はあるものの，証明度に達せず，存否いずれについても確定できない状態（真偽不明）に陥ることがある。

例えば，事例 5-1 において売買契約書を作っていないとしよう。そして，A は，「売買契約を結んだから，お茶の代金 100 万円を払ってほしい」と主張するものの，B は「あのお茶はもらったものだから売買契約は存在しない」と主張したとする。そうなると，いわば水掛け論的な状況となって，裁判所は「売買契約が存在するかしないかわからない」という事態に陥る可能性がある。

人間である裁判官が判断する結果として，一定割合で必然的に，真偽不明の状態は生じる。だからといって「わからない」と，裁判を拒否されては困る。ここで出てきた知恵が「証明責任」である[12]。

つまり，ある事実[13]について裁判所の心証が存否不明というものであれば，裁判官は当該事実を要件とする法律効果の発生は認められないものとして裁判をすることになる。例えば，上記の事例では，契約締結を要件とする法律効果（代金支払請求権）の発生は認められないものとして裁判をすることになる。その結果として一方の当事者（この場合には A）は，存否不明となった事実を要件とする自己に有利な法律効果の発生が認められないという不利益を受ける。このような不利益または敗訴の危険が証明責任である[14]。

---

10) 長谷部・民訴法 203 頁。
11) ここでいう高度の蓋然性があるとされるためには，通常人が疑いを差し挟まない程度に真実性の確信を持ち得るものであることを必要とし，かつそれで足りるとされている。
12) そこで，自由心証の働きが尽きたところから証明責任の機能が始まるといわれる（長谷部・民訴法 254 頁）。
13) ここでは，事実のうち，訴訟の対象となる権利の発生・変更・消滅という法律効果を判断するのに直接必要なもの（主要事実）を問題としている。長谷部・民訴法 23 頁参照。

このように民事裁判制度は,「神の目から見た真実を発見するプロセス」ではない。いわば,民訴法の定めるルールに従って,「この事実が認定できる／認定できない」から「この請求権は認められる／認められない」という判断を下すことで紛争を解決するというプロセスと理解してほしい[15]。

(c) 実務における契約書の意義

このような民事訴訟手続の仕組みは,実務における契約・契約書の意義を裏付ける。つまり既に述べたとおり（第2章2(2)参照）,契約内容について両当事者で協議し,合意することで,契約が成立し,当事者間で権利義務が発生する。また,合意内容が民法等の任意規定の内容と異なれば,これを当事者の合意に基づき変更するという効果がある。そして,単に口頭で合意しても契約としては有効であるものの（第2章参照）,そのような合意をあえて契約書という書面に落とし込むことは,契約締結の事実および契約内容を裁判官に認定してもらうための証拠となるという重要な意義がある。

3 具体例を通じて概観する民事訴訟手続

上記の民訴法の基本に関する説明はかなり駆け足であり,特に民事訴訟を経験したことがない学生にとってはイメージしにくいだろう。そこで,事例5-1の事案について,段階を追いながら,③から⑤までの手続の部分をより具体的に見ていこう。

---

14) 長谷部・民訴法254頁。
15) その結果として,真にAB間で売買契約が締結されたにもかかわらず,契約書を作成しなかったため,裁判所は「真偽不明であるところ,証明責任のルールに基づいて,AのBに対する100万円を請求する権利の存在を認めない」という判断を下すかもしれない。これは,Aにとって納得し難いかもしれない。しかし,後述（(c)参照）のとおり,厳しい言い方をすれば,それはある意味では「契約書を作成しなかったことによるリスクが発現した」ともいえるのである。

(1) 訴訟開始前

訴訟を開始する前には訴訟準備を行う。民訴法に規定される訴訟準備には以下のようなものがある。

①証拠保全（民訴法234条以下）　あらかじめ証拠調べをしておかなければその訴訟開始後に証拠を使用することが困難となる事情がある場合に，先に証拠調べを行ってその結果（証拠資料）を保全しておく手続である[16]。申立てが認められると，裁判所は訴訟開始前に証拠調べを行うところ，実務上は，裁判官や書記官等と一緒に相手方の住所や事務所等に赴いて関係する書類等を謄写したりする[17]。

②訴えの提起前における照会（132条の2）　訴えを提起しようとする者（A）が，提訴を予告した上で，訴えの提起前に，被告となるべき者（B）に，訴えを提起した場合に主張または立証を準備するために必要であることが明らかな事項について，相当の期間を定めて，書面等で回答するよう，書面等で照会することができる。

このような民訴法上の準備手続以外にも，相手との交渉を通じた証拠収集，登記等の公開情報の収集，弁護士会照会（弁護士法23条の2）等の様々な証拠収集方法がある。

また，前述のとおり，執行に向けて財産等を保全する手続を講じることもある。つまり，被告が財産を売って「一文なし」になってしまえば，いくら数年後に勝訴の確定判決を得ることができても，その判決は絵に描いた餅になる。そこで，例えば，Aは民事保全法に基づきBの所有不動産に対して仮差押え（2(1)参照）をするこ

---

[16] 伝統的には，医療過誤事案において診療録（カルテ）の証拠保全が頻繁に用いられていた。最近は，医療機関が個人情報（正確には保有個人データ）の開示として診療録の開示を積極的に行うようになったため，この事件類型での証拠保全の必要性は下がってはいるものの，改ざんのおそれがある場合等にはなお証拠保全を行う場合がある。

[17] 朝倉佳秀＝高木勝己編著『証拠保全の実務〔第3版〕』（金融財政事情研究会，2025年）参照。

とが考えられる。それによって、Bが当該不動産を売却した後でも、Aは勝訴判決に基づき執行((5)参照)手続を通じて当該不動産を差し押え、競売することで、その代金から回収を行うことができる。

(2) 訴訟提起
(a) 訴　状

原告Aは「訴状」という書面を裁判所に提出をして訴訟提起(提訴)する。訴状においては、当事者等、請求の趣旨(原告が何を求めるか)および請求の原因(原告がなぜそれを求めることができるのか)を記載する。請求の趣旨とは、「その訴訟で最終的に何を求めるか」で、事例5-1であれば、「被告(B)は、原告(A)に対して金100万円を支払え」といったものが考えられる。請求の原因(請求原因)は、どのような根拠に基づきその請求の趣旨が導かれるかであり、AはBとの間で売買契約を締結したことを主張する。

既に述べたように、民法のそれぞれの条文において、どのような要件が満たされれば請求権が発生等するのかが規定されている(第2章1(1)参照)。そこで、民法の条文を根拠とするのであれば[18]、後者の請求の原因として民法の条文が規定する要件、前者の請求の趣旨として、当該要件が充足され、請求権が発生したことの効果として原告が被告に対して行う請求の内容を記載する。上記事例であれば、被告(B)は、原告(A)に対して100万円を払えというのが

民法の条文を根拠とした請求の場合の訴状記載事項

請求の趣旨	「請求の原因」記載の要件が充足され、請求権が発生したことの効果として原告が被告に対して行う請求の内容 例：被告(B)は、原告(A)に対して100万円を支払え
請求の原因	民法の条文が規定する要件 例：原告と被告の間の売買契約の成立

---

18) なお、実務では契約に基づく請求を行うこともある。

請求の趣旨で，請求の原因は，原告と被告の間の売買契約の成立である。

このようにして特定された権利関係が当該民事訴訟の審理対象であり，これを訴訟物という。この事案では，売買契約に基づく代金支払請求権となる。訴訟手続はこの訴訟物をめぐって進む。

なお，これらの記載事項はあくまでも最低限訴状に記載すべき「骨組み」であり（訴状例もこれに限っている），実際に，訴状には，どのような経緯でＡとＢが売買契約を締結するに至り，その後代金支払に関してどのような交渉があったか等も記載することが多い。

訴状例 19)

訴　　状

令和〇年〇月〇日

〇〇地方裁判所民事部　御中

原告訴訟代理人弁護士　　松　尾　剛　行　㊞

当事者の表示　別紙当事者目録記載のとおり

売買代金等請求事件
　　訴訟物の価額　　100万円
　　貼用印紙額　　　1万円

第1　請求の趣旨
　1　被告は，原告に対し，100万円及びこれに対する訴状送達の日の翌日から支払済みまで年3分の割合による金員を支払え
　2　訴訟費用は被告の負担とする
　との判決並びに仮執行宣言を求める。
第2　請求の原因

---

19)　作成にあたり，司法研修所監修『民事訴訟第一審手続の解説――事件記録に基づいて〔第4版〕』（法曹会，2020年）巻末事件記録を参考にした。

1 原告は，○○との屋号で卸売業を営む者であり，被告は，○○との屋号で小売業を営む者である。
2 原告は，被告に対し，令和○年○月○日，別紙物件目録（略）記載の商品を売り（甲1），同月○日，これを引き渡した（甲2）。
3 よって，原告は，被告に対し，上記売買契約に基づき，100万円及びこれに対する訴状送達の日の翌日から支払済みまで法定利率年3分の割合による遅延損害金の支払を求める。

証 拠 方 法

1 甲1号証　契約書
2 甲2号証　受領証

附 属 書 類

1 訴状副本　　　　　　　　　　　　1通
2 甲1ないし2号証（写し）　　　　各1通
3 訴訟委任状　　　　　　　　　　　1通

別紙

当 事 者 目 録

〒***-****　東京都○○区……
　　　原　告　　A
〒102-0083　東京都千代田区麹町4-1
　　　桃尾・松尾・難波法律事務所（送達場所）
　　　上記訴訟代理人弁護士　　　松 尾 剛 行
　　　　電　話　03-3288-2080
　　　　ＦＡＸ　03-3288-2081
〒***-****　○○県○○市……
　　　被　告　　B

(b) 処分権主義

事例5-2：裁判所は，事例5-1において，Bは最初から代金を支払うつもりがなく，あくまでも目的物（お茶）を騙し取るためにAと取引をしたと考え，よって，AがBに対して不法行為（詐欺，民法709条）を理由とする損害賠償請求権を有すると考えた。裁判所は，不法行為を理由にBに対して100万円を支払う

> よう命じる（Aの請求を認容する）ことができるか。

　確かに，このような状況において，Aは，売買契約に基づく代金支払請求をすることも，不法行為に基づく損害賠償請求をすることもいずれも可能である。しかし，いずれの請求を立てて民事訴訟を提起するかを決定するのはAであって，裁判所ではない。このように，訴訟の開始・終了および訴訟における審判の対象（訴訟物）は当事者が決定するというのが処分権主義である[20]。よって，裁判所は，Aが審理を求めている「売買契約に基づく代金支払請求」についてしか判断することができない。

　なお，処分権主義を下記（(3)(c)参照）で述べる弁論主義と混同する学生もいるが，処分権主義はあくまでも訴訟物（権利関係）に関するものであることが，弁論主義との重要な相違である。

(c) 訴訟係属

　訴状が提出されると，裁判長は訴状審査を行い，問題があれば補正を命じる。そして，訴状に形式的問題がなければ[21]，それを被告Bのところに特別送達という正式な方法で郵送する（送達）。訴状が送達されれば，訴訟係属が生じる（2(1)参照）。

(d) 訴訟要件

　民事訴訟において裁判所は，以下のうちのいずれかの結論を下す。

　どのような場合に訴えが却下されるかというと，訴訟要件が認められない場合である。どのような場合に請求を棄却または認容する判決（本案判決）を下すかというと，訴訟要件が認められる場合で

---

[20]　「いかなる権利関係について，いかなる形式の審判を求めるかは，当事者の判断に委ねられる。これが訴訟物についての処分権主義であ［る］」（伊藤・民訴法 231 頁）。

[21]　ここで「形式」というのは，実質的に請求が認められるか（原告Aの請求に理由があるか）は，この訴状審査ではなく，訴訟係属後の実質的審理の結果として判断されるという意味である。

訴え却下	裁判所が本案判決を言い渡す前提となる要件(訴訟要件)が満たされないので門前払いする
本案判決	**請求棄却**:確かに裁判所が本案判決を言い渡す前提となる要件(訴訟要件)は満たされるが,原告の請求は認めない
	請求認容:裁判所が本案判決を言い渡す前提となる要件(訴訟要件)が満たされることを前提に,原告の請求を認める

ある。例えば,原告が人間ではなくウサギであれば,当事者能力といわれる訴訟要件が否定され,訴えが却下される。このように,訴訟要件は裁判所が本案判決を言い渡す前提となる要件である。

(e) 共同訴訟

> **事例 5-3**:事例 5-1 において,Bには連帯保証人Cがいた。AはCに対しても代金相当額 100 万円を支払ってもらいたい。

このような場合,もちろん別の裁判でCに対する請求をすることもできる。しかし,民訴法上1つの訴状でBとCに対する訴訟提起をすることができる。このような場合を共同訴訟という。

(f) 反 訴

> **事例 5-4**:事例 5-1 において,Bは,お茶が腐っていて,回収費用等1億円の損害を被ったとして,Aに対して損害賠償1億円の支払を求めたいと考えた。Bは,どうすべきか。

もちろん,Bとして,事例 5-1 の訴訟と全く別の訴訟を起こすことは可能である。しかし,例えばBが100万円の代金を支払わない理由(抗弁)が,品質問題(契約不適合,第2章6(3)参照)なのであれば,2つの紛争を1つの手続で解決することが有益である。そこで,関連事件(係属している訴訟手続〔本訴〕の目的である請求または防御の方法と関連する請求,民訴法146条)については,本訴被告(B)から本訴原告(A)に対して,訴えを提起し,当事者が逆の2つの事件を同じ手続で審理してもらうことができる。これを反訴という。

(3) 審　理

(a) 審理の流れ

　上記（(2)(c)参照）で，訴状を被告に送達し，訴訟係属が発生することを述べた。訴状を受け取った被告は，答弁書を提出する。答弁書の中には，被告は訴状の請求の趣旨に対して原告の請求を認諾するか（(4)参照），それとも原告の請求を棄却することを求めるかを明らかにする。加えて，請求原因に対して，それを認める（自白〔(c)参照〕），否定する（否認），知らないとする（不知）等を明らかにする[22]。

　その後，双方が準備書面というタイトルの書面を出し合って，例えば「受け取ったお茶が契約に適合しない（契約不適合）」などという主張を展開することになる。これらは主張書面といわれる。

　訴状，答弁書および準備書面において主張を行う際には，その主張を基礎付ける証拠を提出する（(e)参照）。多くの場合には証拠は書証，つまり書面による証拠である[23]。そして，例えば，AがBにお茶を引き渡した際の状況を目撃したDが存在し，「この人の話を聞いてほしい」（証人尋問を実施したい）とAが考える場合にも，実務上，まずは書証としてDの話をまとめた「陳述書」を提出する。そして，最後にDの証人尋問（およびABの本人尋問）を行い，裁判所が主張と証拠を総合して判決を下す（2(2)，特に(b)参照）。

---

[22] ただ，第1回の期日は被告の日程を聞かずに決めることも多いところ，答弁書の提出期限は第1回期日の約1週間前に設定される。そうすると被告として準備時間が足りないことから，答弁書は「原告の請求を棄却する。訴訟費用は原告の負担とするとの判決を求める。請求原因については追って認否する。」だけの3行のもの（三行答弁）とし，当日被告や被告代理人が出廷しないことも多い。

[23] 準備書面等の主張書面も，書証もいずれも書面である。しかし，主張書面は当事者の法律上または事実上の主張を記載したものであるのに対し，書証は証拠として，当事者が主張する事実を証明するために提出されるという意味で民訴法上の意味は大きく異なっている。

(b) 口頭主義

民事訴訟は，口頭主義，つまり審理における当事者および裁判所の訴訟行為は，口頭で行うという原則を採用した（民訴法87条参照）。そこで，公開の法廷に両当事者が出廷し，裁判官が，口頭で主張を整理し，証拠を取り調べる（口頭弁論）。なお，この口頭のやりとりは裁判所書記官が作成する文書である調書に記録される。

しかし，常に口頭のみで審理が進むわけではなく，より効果的な審理のため，主に以下の2つの方法がとられる。

1つ目は当事者双方が書面によって準備を行うことである。上記（(a)参照）のとおり，準備書面を双方が提出する。例えば，事例5-4において，Bは「お茶には契約不適合があり，契約を解除したため代金は払わない」などと主張する。期日[24]の1～2週間前に主張を記載した書面を提出し，事前に裁判所と相手方当事者が読み，口頭弁論期日で補充的に質問をしたり，次の口頭弁論期日までにどの当事者が何を準備すべきかを検討したりすることを可能とする。

2つ目は，公開の口頭弁論手続と異なる，非公開の手続による準備である。一般的に用いられることが多いのが弁論準備手続であり，公開の法廷ではなく，弁論準備室という，傍聴席のない部屋で，裁判官と両当事者が近い距離で主張を整理する。それによって，例えば，Aの代理人が証拠書面を示しながら，この証拠書面のここに書いていることが準備書面の主張の根拠であるなどと説明することができる。このような手続により，裁判官や相手方であるBの代理人としてはAの代理人の主張をよりよく理解することができ，そのような過程を経て，裁判所は，より迅速かつ的確に双方の主張や証拠関係を整理し，判決の準備をすることができる。

なお，準備書面や証拠は，適時の提出が義務付けられており，最

---

[24] 口頭弁論期日もあるが，多くの場合は弁論準備手続期日である。

後の最後の「隠し球」的に新たな主張や新たな証拠を提出すること は許されない。もしそのようなことをしてしまうと，時機に後れた 攻撃防御方法であるとして却下される可能性がある（157条）。

(c) **弁論主義**

それでは，判決の基礎となる資料をどのように収集すべきだろう か。裁判所が集める方法（職権探知主義）もあるが，民訴法はこれ を採用しない。民訴法が採用したのは，判決の基礎となる資料とな る事実と証拠の収集および提出を，当事者の権能ないしは責任に委 ねる建前，すなわち弁論主義である。弁論主義には以下の3つの内 容（テーゼ）があるとされる（そこで①主張責任は「弁論主義第1テー ゼ」などと呼ばれることがある）。なお，前記（2(2)(b)参照）の請求・主 張・証拠の表を参照しながら読むことで理解が進むだろう。

①主張責任　裁判所は，当事者の主張しない事実を判決の基礎 としてはならない。例えば，事例5-4で，裁判所として，お茶の契 約不適合を理由にBは契約を解除することができ，BがAに対し て伝達したメッセージの内容は解除の意思表示と評価することがで きると考えたとしよう。その場合でも，Bが解除により代金支払義 務を免れたという事実（抗弁）を主張しないのであれば，裁判所が 勝手にこれを認定してはならない。

②自白の拘束力　裁判所は，当事者間に争いのない事実（相手 が裁判手続において自白した事実）は，証拠調べすることなく判決の 基礎としなければならない。これはある意味では，真相の解明につ ながらない可能性がある。例えば，裁判所として，事例5-1でそも そも売買契約を締結していない（事実が存在しない）のではないかと 考えたとしても，被告Bが売買契約締結について自白している（認 めている）なら，裁判所はこれを前提に事実を認定しなければなら ない。この理由としては，民事訴訟は，あくまでも当事者が処分で きる私的権利（私権）に関する裁判であるという点が大きい。また，

実務上は釈明（(d)参照）による対応も期待される。

③職権証拠調べの禁止　裁判所が当事者間に争いある事実を認定する際には，当事者の申し出た証拠によらなければならない。つまり，裁判所として当事者が証拠調べを申し出ていない証拠を取り調べ，その結果に基づいて事実を認定することなどはできない。ただし，ここでも実務上は釈明（(d)参照）による対応が期待される。

その事実を判決の基礎としていいか	①**主張責任**：裁判所は，当事者の主張しない事実を判決の基礎としてはならない
その事実をどのように認定すべきか	②**自白**：当事者間に争いのない事実は，証拠調べすることなく判決の基礎としなければならない
	③**職権証拠調べの禁止**：裁判所が当事者間に争いある事実を認定する際には，当事者の申し出た証拠によらなければならない

(d) 釈　明

上記のとおり，弁論主義により，裁判所の判決の基礎となる資料の形成は当事者に委ねられている。しかし，手続の進行，例えば，次はどちらの当事者が主張をすべきかなどは，完全に当事者に委ねるべきではない。そこで，手続の進行については職権主義，つまり裁判所が主体となってこれを行う建前が妥当し，裁判所に訴訟指揮権と呼ばれる権能が付与される。

その中でも，訴訟関係[25]を明瞭にするために事実上および法律上の事項に関して当事者に問いを発し，または立証を促す権能[26]である釈明権（民訴法149条）は最も重要なものの1つである。例えば，Bが「ひどいものを売りつけられた」とだけ述べる場合，その主張が不明瞭であるところ，それは詐欺に基づく契約の取消しを

---

25) 訴訟関係とは，当事者による請求，主張，および立証に関連する全ての事項を意味する（伊藤・民訴法342頁）。
26) 同上参照。

主張しているのか,契約不適合等を理由とする契約解除を主張しているのかなどについて,裁判長から釈明を求めることが考えられる。

(e) 証拠調べ

提出された文書を裁判所が閲読することで書証に対する証拠調べが行われる。事前に物理的に証拠の写しが送付された後,法廷ではどの証拠が提出されたかが確認される。刑事訴訟のように,法廷で書証の内容を音読したり,その要旨を告げたりすることはない[27]。

証人に対しては,尋問を行う。つまり,法廷で両当事者(の代理人)および裁判官から口頭で質問し,口頭で回答(証言)を得る。特に,反対尋問を行うことで,相手方に有利な証言をする証人に対して,その証言の信用性を争う機会を設けることが重要である。

なお,一方当事者(例えば事業者)が他方当事者(例えば消費者)よりも圧倒的に多くの証拠を持つ状況(証拠の偏在)の中,一方が相手方や第三者が有する文書を得たい場合がある。その場合には,裁判所が一定範囲で文書を所持する当事者または第三者に文書の提出を命ずることができる(文書提出命令,民訴法 221 条以下)。

民訴法では,自由心証主義(247 条)が採用されており,どういった証拠方法の内容,すなわちいかなる証拠方法を証拠調べの対象とするかについて特別の制限は加えられず,証明力の有無・程度も裁判官の自由な判断に委ねられる。

(4) 訴訟の終了

(a) 判 決

裁判所は,審理を経て,訴訟が裁判をするのに熟した場合には,判決を下す(民訴法 243 条 1 項)。

---

27) ただし,締結された契約書そのもの(契約書原本)のように,写しではない原本を提出する場合には,相手方当事者と裁判所が,訴訟手続で提出された写しと原本が同一であるかを確認する。

日本は三審制なので，例えば，地方裁判所（第一審）で敗訴した場合には，高等裁判所（第二審）に控訴し，最高裁判所（第三審）に上告することができる。

確定判決には，既判力が認められる。裁判で一度負けても再度訴訟を蒸し返すことができてしまえば，せっかく時間と労力をかけて判決を下した意味がなくなる。そこで，判決に対して当事者からの上訴（控訴・上告等）がなく，または上告審判決が下されて確定すると，確定判決の効力として，もはや両当事者がその判決における訴訟物に関する判断を争うことは許されず，他の裁判所もその判断に拘束されるという通用力・拘束力が認められる。この通用力・拘束力を既判力と呼ぶ[28]。

(b) **当事者の意思による訴訟の終了**

このような判決による民事訴訟手続の解決は典型的であるが，決して多数ではない。判決までに至る率は50％を下回る[29]。

判決以外でも当事者の意思によって訴訟が終了する。訴訟の開始・終了およびその内容は当事者が決定するというのが処分権主義だと述べた（(2)(b)参照）。つまり，開始だけではなく終了もまた当事者の意思で決定することができる。

その典型は，和解である。訴訟上の和解とは，訴訟の係属中両当

---

28) なお，ここで「判決」は正確には「終局判決」とされる。中間判決といって，例えば，訴訟要件（(2)(d)参照）が争われている場合において，訴訟要件そのものは認められると判断した上で，別途審理を続けるような場合の判決が存在することと対比される。中間判決ではなく当該審級における手続を終結させる終局判決が確定した場合に既判力が認められる。

29) 令和5年度司法統計年報（民事・行政事件編）「第一審通常訴訟既済事件数―事件の種類及び終局区分別―全地方裁判所」によれば，総数13万7596件のうち，判決は6万7986件（約49％），和解4万4909件（約33％），請求の放棄241件（約0.2％），認諾419件（約0.3％），取下げ2万680件（約15％）である。

当事者の意思による訴訟の終了

双方	訴訟上の和解	双方の合意による民事訴訟手続の終了
原告	請求の放棄	原告が請求を全て確定的に放棄
	訴えの取下げ	原告による権利を留保したままの手続取下げ
被告	請求の認諾	被告が原告の請求を全面的に認める

事者が訴訟物に関するそれぞれの主張を譲歩した上で、期日において訴訟物に関する一定内容の実体法上の合意と訴訟終了についての訴訟法上の合意をなすことを指す。例えば「50万円を払って終わらせる」と合意し、それでもって訴訟を終わらせることができる。

原告は、訴えの取下げと請求の放棄により訴訟を終了することができる。訴えの取下げは、訴訟が初めに遡って係属していなかったものとみなされるだけで、原告は基本的には再訴を行うことができる[30]。これに対し、原告が負け、つまり、自分の請求に理由がないと認めて訴訟を終了させるのが請求放棄であり、この場合には、確定的に原告の権利が失われるので、被告の同意は不要である。

被告として、一方的に負けを認める、つまり、請求に理由があると認めて訴訟を終了させるのが請求の認諾である。

(5) 執 行

訴訟が終了し、判決が確定しても、一般的な訴訟類型である給付訴訟[31]においては、自動的にその判決の内容が実現するものでは

---

30) そこで、原告が自由自在に訴訟を提起して不利になれば取り下げて争い直すことを防ぐため、被告が準備書面を提出する等、争う姿勢を見せた後は取下げについて被告の同意が必要とされる（民訴法261条2項参照）。

31) 訴訟類型には給付訴訟、確認訴訟および形成訴訟の3類型が存在する。給付訴訟は、原告が被告に対する特定の給付請求権を主張し、裁判所に対して、被告に給付義務の履行を命ずる判決（給付判決）を求める訴訟類型（長谷部・民訴法69頁参照）である。本章では、A

ない。被告が任意に履行しなければ，民事執行法に基づく執行手続が必要である。一般的な執行手続は競売と呼ばれる一種のオークションであり，例えば被告Bの土地を一番高い金額を申し出た人に売り，その代金を元に原告Aが弁済を受ける。逆にいえば，そのような執行手続の対象となる財産がない（これを「手元不如意」という）場合には，判決は絵に描いた餅となってしまう。特に，紛争初期にあった財産が，訴訟手続中に散逸することも少なくない。

だからこそ，上記（(1)参照）で述べた民事保全手続が重要である。とはいえ，保全の対象となる資産もなければ，執行が困難であることに変わりはない。その意味では，契約時に抵当権や保証人の担保を取る（第2章4(6)・5(4)参照）ことが重要である。

4 事例問題の検討手順

試験においては，重要な原理の理解や，通常の訴訟進行に関する理解が問われることもあるが，例外的状況についてどのように判断すべきかを論じることが求められることが多い。例えば，被告としてAさんを訴えたら，Aさんは既に死亡していたという場合にどうするべきかといった問題がある（いわゆる「当事者の確定」の問題)[32]。このような場合には，まずは民訴法の条文の中から，何かそのような事態を想定した規定がないか探してみよう。ただ，例えば，死者を訴えた場合のように，それに関する明確な規定はないか

　　がBに100万円の売買代金支払を請求する事例を検討してきたが，これは給付訴訟である。それ以外の訴訟類型として，原告が特定の権利関係の存在または不存在を主張し，裁判所に対して，それを確認する判決（確認判決）を求める確認訴訟（長谷部・民訴法72頁）および原告が一定の法律要件に基づく権利または法律関係の変動（発生・消滅・変更）を主張し，裁判所に対して，その変動を宣言する判決（形成判決）を求める形成訴訟（長谷部・民訴法73頁）がある。

32) 伊藤・民訴法121頁以下参照。

もしれない。そうすると，民訴法理論の観点や，民事訴訟制度の趣旨から，解決を図っていくことになる。死者を訴えた場合でいえば，訴状の被告の記載を誤ったので相続人に訂正するという手続で対応できる場合もあるかもしれない[33]。

5 民事訴訟法と実務とのつながり

(1) 企業の非法務担当者の業務とのつながり

　営業担当者等が行う業務が，契約内容の確定など，契約と密接に関係していることは既に述べたところである（第2章10参照）。営業担当者が契約交渉を行う場合には，その契約（書）が締結後に2つの意味を持つことに留意すべきである（第1章2(3)参照）。

　1つ目は，その契約を当事者が履行する際に，当該契約書の内容が参照されるということである。例えば，契約書において特定の仕様を満たすお茶を特定の期日に特定の場所で引き渡すと合意している場合，売主は契約書の内容を参照しながら，どのお茶をいつまでにどこで引き渡すかを判断することになるし，買主は，例えば仕様に従って引き渡されたお茶に問題がないかを検査することになるだろう。このような履行の際の参照に耐えられるよう，契約書において合意内容を明確に記載しなければならない。

　2つ目は，もしその契約に関して紛争が生じてしまった場合，典型的には民事訴訟手続に至った場合に，当該紛争解決の基準として当該契約（書）が利用されるということである。裁判所は，当該契約の内容に従い，債務不履行があったか否かなどを判断していく。

　すると，後者の観点からは，契約書は裁判所において有利な証拠になるという観点も入れて作成されるべきということになる。裁判

---

[33] 伊藤・民訴法125頁参照。

所における民事裁判手続を規律する民訴法を理解することは、このような意味で営業担当者等にとっても重要である（2(2)も参照）。

また、民訴法を理解することで、裁判手続は当事者の手続的権利の保護のため、何度も期日を繰り返し、争点について主張・立証を尽くしていくという費用・時間・労力がかかる手続であることがよく理解できるだろう。そうであれば、紛争予防が重要であり、まさに営業担当者等として、適切な内容の契約書により権利義務を明確にするなどの紛争予防の重要性を実感できるだろう。

(2) 企業の法務担当者の業務とのつながり

契約に関する業務を行って紛争を予防する活動は、まさに各企業において法務担当者が中心としてこれを行うところ、上記の契約に関する民訴法の重要性が典型的に当てはまる。

これに加え、法務担当者は、紛争が激化しないよう、事業部の行う相手とのコミュニケーションを支援したり、場合によっては自ら相手とのコミュニケーションを行ったりする。例えば、自社製品に契約不適合（第2章6(3)参照）があるとして訴訟外で損害賠償の支払を求められる案件の交渉においては、法務担当者として「どの程度の額までであれば支払うことが合理的か」を検討し、会社としての意思決定に関与する必要があるところ、その判断の際には、裁判に至った場合にどのような判決が予想されるかや、判決までの費用・時間・労力等に関する情報が必要である。そこで、民訴法を知っているからこそ適切にこのようなトラブル対応を行うことができる。

このようなトラブル対応によってできるだけ紛争が訴訟にまで発展しないようにするものの、案件の中には、実際に民事訴訟となる案件も存在する。そのような場合には、法務担当者は代理人の弁護士と協力しながら訴訟案件の適切な解決に向けて対応を行うところ、そのためには民訴法の理解が重要である。

(3) 公務員の業務とのつながり

公務員の業務に関して紛争が生じた場合において、国家賠償法に基づく紛争や、公的契約等に関する紛争は民訴法に基づき審理される。また、行政事件訴訟法7条は行政訴訟事件の審理等に関し、民訴法を準用している（正確には「例による」）。そこで、行政における紛争解決に関与する上で民訴法の理解は不可欠である。

(4) 弁護士・法曹等の業務とのつながり

弁護士は民事訴訟事件の対応を行うところ、訴訟提起後だけではなく、訴訟提起前においても、前述（(2)参照）のとおり、訴訟提起をした場合を見越して検討を行うことから、民訴法が重要である。

裁判官も民事訴訟事件を民訴法に基づき審理し、判断する。

裁判所書記官は民訴法に基づき調書作成等の重要な役割を果たす。

Column　法廷傍聴のススメ

民事訴訟法（本章参照）、刑事訴訟法（第6章参照）、行政救済法（第8章4参照）等の手続法については、そもそもそのような手続を経験したことがないからこそピンとこないという学生が多い。筆者は、そのような学生に対して法廷傍聴を勧めている。

例えば平日の東京地裁は朝10時頃から午後4時過ぎまで、様々な事件の期日が入っており、1階の玄関ホールの端末で、各事件の開廷時刻・開廷場所を確認できる。重要な事件の日程は裁判所のウェブサイトでも確認できる。傍聴には申込みも許可も必要ない。

前述（3(3)(a)参照）のとおり、民事訴訟の場合は、実質的な内容が少ない第1回期日か、何が争われていて、その証人がどのような位置付けかがわからないと理解しづらい証人尋問期日が多く、あまり傍聴には向いていない。刑事訴訟が傍聴に向いている。

初めてならば、覚醒剤等の自己使用事件を傍聴することが考えられる。1回の期日で審理が終わることが多く、刑事訴訟の手続の流れを一望することができる。入門期にまず一度傍聴した後、ぜひある程度勉強をし

た後（例えば，刑事訴訟法の授業を受講した後），再度傍聴をしていただきたい。そうすると，裁判官，検察官，弁護人の言葉や所作の一つ一つに，刑事訴訟法上の裏付けがあることがわかり，理解が深まるだろう。

第6章
刑事訴訟法入門

1 刑事訴訟法の学習を通じて習得したい事項

　犯罪が行われた場合には，当然ながら犯人を速やかに処罰したい。被害者は迅速な犯人特定や相応の処罰を求めるだろうし，世論もまた，犯罪者を野放しにするな，という論調である。しかし，そのような希望をそのまま実現しようとすると，どうなるだろうか。

　もちろん，日本の捜査機関（警察・検察）には優秀で仕事熱心な人がそろっている。仮に犯罪捜査を制限するルールが何もなくても多くの場合には間違いなく犯人を特定して，捜査を行い，裁判を通じて有罪とすることができるかもしれない。

　ただ，それはあくまでも「多くの場合」に過ぎない。日本の，そして世界の歴史において，多くの「冤罪」事件が発生した。つまり罪を犯していないにもかかわらず，逮捕されたり，場合によっては有罪とされて刑務所に送られたり，ときには死刑にされてしまったような人までいる。袴田事件では一度死刑判決が確定した後，再審手続によって，事件から実に58年を経て無罪が確定した[1]。

　日本国憲法は，それぞれの個人を尊重している（第4章4(1)参照）。日本社会を守るため，あなたは冤罪だけど犠牲になってくれというようなことは到底許されない。だからこそ，決して，「多くの場合

---

1) 静岡地判令和6・9・26裁判所ウェブサイト（平20（た）1）参照。

正しく捜査できていれば，たまに冤罪が起きてもいいじゃないか」ということにはならないのである。確かに犯罪自体はとても悪い。しかし，無実の人の自由を，そして場合によっては命を奪う冤罪は，犯罪と同様に，またはもしかすると（真犯人が処罰されないままとなることなどを併せて考えると）それ以上に悪いことかもしれない。

　だからこそ，手続を適正に行い，例えば，拷問や類似した効果のある長期間の取調べや威圧的取調べによる自白強要等を防止して，間違いが起こらないようにする必要がある。刑事訴訟法（以下，「刑訴法」という）はそのような適正手続のためのルールをそろえている。

　逆にいうと，その結果として一部の犯罪者に対し処罰を与えない事案が発生し得る。筆者の経験をお話ししよう。筆者は覚醒剤を使った依頼者の無罪判決を獲得したことがある。依頼者の体からは覚醒剤成分が検出されており，依頼者は覚醒剤を使ったと自白していた。普通に考えると，明らかに有罪だが，体に覚醒剤成分が含まれていることを立証するため，警察が依頼者の尿を採取したところ，その手続に違法があった。そこで，違法捜査によって入手した証拠を使うことは許されない，と主張したところ，裁判所は依頼者の体から覚醒剤成分が検出された旨を述べる鑑定書は，違法収集証拠排除法則により証拠とできないとした（2(5)(a)参照）。そして，自白だけでは有罪とできない（憲法38条3項，補強法則。2(5)(c)参照）ことから，依頼者は自白をしていたものの，無罪となったのである[2]。

　このような刑事手続を適正に行わしめるためのルールが存在するということの意味は，ある意味では異なる方法で捜査が行われていれば有罪になり得た者が無罪になるということである。このような状況がおかしいという考えもあるかもしれない。しかし，捜査の過

---

[2] 松尾剛行「違法収集証拠排除法則：覚せい剤取締法違反（使用）事件における無罪事例から」学習院法務研究5号（2012年）53頁（https://glim-re.repo.nii.ac.jp/records/1461）。

程で人権を侵害する重大な違法があってはならないことから，重大な違法捜査による証拠を利用してはならないとされている（司法の廉潔性，違法捜査の抑止。2(5)(a)参照）。また，類型的に苛烈になりやすい取調べのリスクに鑑み，取調べで自白をしただけでは有罪にはできない，しっかり客観証拠を探しなさいという，人権侵害を防ぎ，適正手続を確保するためのルールが設けられているのである。

2　刑訴法の基本原則と解釈上の特徴

(1) 刑事訴訟の基本的な流れと登場人物

刑事訴訟は大要以下の流れで進む。

> 捜　査 ➡ 公訴の提起 ➡ 公　判 ➡ 判　決 ➡ 上　訴

捜査では，証拠収集等が行われ，検察として公訴を提起するか（裁判所に対して処罰を求めるか）を決定する。公訴が提起されると，裁判所で公判が開かれ，審理の結果として判決が下される。判決に対しては上訴が可能である（三審制）。

刑事手続の登場人物を簡単に紹介したい。

①被疑者・被告人　　まず，被疑者は犯罪の嫌疑がかけられ，捜査の対象となっている者で，被告人は公訴が提起された者である。同じ人が捜査段階なら被疑者，公判段階なら被告人と呼ばれる。

②司法警察職員　　警察官が犯罪捜査に従事する場合に司法警察職員と呼ばれる。司法警察職員は司法巡査と司法警察員に分けられる。司法警察員は逮捕や捜索等のための令状を請求する権限等の特別の権限を有する司法警察職員で，それを有しないのが司法巡査である。

③検察官　　捜査，公訴の提起，公訴の維持，裁判の執行等を行う公務員である。ただし，犯罪捜査においては，司法警察職員によ

る捜査が一次的で, 検察官の捜査は二次的, 補充的である。検察官と警察は捜査機関と呼ばれる。

④弁護人　被疑者・被告人の権利・正当な利益実現のために活動する者である。被疑者・被告人が選任して費用を支払う私選弁護人だけではなく, 国が費用を支払う国選弁護人も存在する。

⑤裁判所　刑訴法では主に裁判官によって構成された裁判機関をいう。1人の単独体, 3人の合議体, そして裁判員裁判がある。

(2) 憲法の反映

憲法31条以下において適正手続, 特に具体的な刑事手続の適正を求める条文が存在することが重要である。先に (1参照) で述べた補強法則は憲法38条3項に定められている。刑訴法は, ある意味では, このような憲法上の適正手続の要請の反映ともいえる。

(3) 糾問主義・弾劾主義・職権主義・当事者主義

江戸時代の裁判のように, かつては裁く人と糾弾・訴追する人が分離していなかった (糾問主義)。例えば, お白洲で判決を下す町奉行の手下に与力・同心といった人がいて, 警察のような捜査や犯罪者の拘束をしていた。そこで, 町奉行は, その手下を使って行った捜査の結果に基づき判断をしていた。

しかし, 訴追者と被訴追者が対立する中で, 判断者と訴追者を分離し, 客観的中立的な第三者が判断者となることではじめて公正な裁判ができると考えられるようになった。近現代では判断者 (例えば裁判官)・訴追者 (例えば検察官)・被訴追者 (被告人) という三者対立構造が生まれた。これを弾劾主義という。

同じ弾劾主義の中でも, 手続を, 裁判所と検察官・被告人のどちらが主導するか, という点が問題となる。

職権主義は, 裁判所こそが事実の究明について主導権と責任を有

すべきだという考えである。

当事者主義は、検察官・被告人が主張を主導的に行い、当事者が訴訟において主張立証を誤った場合には、その責任も当事者が負うべきという考えである。

例えば、検察官が公訴を提起する際に審理の対象を設定し、それを変更する権限を有するなど、現行刑訴法は当事者主義の考えを採用する。しかし、裁判所の職権による証拠調べ等、一部職権主義の要素を反映する部分もある。

糺問主義	裁く人と糾弾・訴追する人が分離していない	
弾劾主義	裁く人と糾弾・訴追する人が分離	職権主義：手続は裁判所主導
		当事者主義：手続は当事者主導

(4) 任意捜査の原則・強制処分法定主義・令状主義

(a) 任意捜査の原則

捜査機関が捜査を進める上では原則として任意捜査を行わなければならず、強制処分は、それが必要な例外的な場合に限られる（刑訴法197条）。強制処分が人権侵害を引き起こしかねないことから、任意捜査を原則とすることで、人権侵害を防止しようとしている。

(b) 強制処分法定主義

刑訴法197条1項は「捜査については、その目的を達するため必要な取調をすることができる。但し、強制の処分は、この法律に特別の定のある場合でなければ、こ

任意捜査と強制処分

任　意	強　制
領　置	捜索・差押え
実況見分	検　証

れをすることができない。」として、強制処分に法律の定めを求める（強制処分法定主義）。強制処分には、裁判官の発付する令状が求められる（令状主義、(c)参照）。

その結果，特定の捜査上の目的を達成するための手法について，それが任意の場合と強制の場合で2種類に分かれることに留意されたい。例えば，証拠の占有を捜査機関が取得することを任意捜査で行えば領置で，強制処分で行えば捜索・差押えである。五感で状況を把握することを任意捜査で行えば実況見分であり，強制処分で行えば検証である。まずはこのようなイメージを持っていただきたい。

　その上で，どこまでが任意捜査でどこからが強制処分かの限界事例について重要な最高裁決定があるので見てみよう（最決昭和51・3・16刑集30巻2号187頁）。これは次のような事案である。酒酔い運転をして，物損事故を起こした被疑者に対し，アルコールを飲んでいないか呼気検査に応じるよう警察官が説得中，被疑者がその場を立ち去ろうとしたので，警察官が手首をつかんだ。これに対して，被疑者が手を振り払う等の暴行を行ったため，公務執行妨害で起訴された。被疑者（起訴後は被告人。(1)参照）は，警察官が手首をつかむという強制処分を法律の定めも令状もなく行ったのは違法であり，それに対する正当な対応だと主張した。裁判所は結論として，確かに警察官は手首をつかむという有形力を行使しているが，この捜査手法はあくまでも任意捜査だ，と結論付けた。

　つまり，強制手段（筆者注：強制処分）は，「有形力の行使を伴う手段を意味するものではなく，個人の意思を制圧し，身体，住居，財産等に制約を加えて強制的に捜査目的を実現する行為など，特別の根拠規定がなければ許容することが相当でない手段を意味するものであつて，右の程度に至らない有形力の行使は，任意捜査においても許容される場合があるといわなければならない」としたのである。

　任意捜査でも手首をつかむなど，被疑者等の権利利益に対する制約が行われることから，任意捜査に対する限界を設け，被疑者等の権利利益を保護することも必要である。そこで，上記決定は，任意捜査について，「必要性，緊急性なども考慮したうえ，具体的状況

のもとで相当と認められる限度において許容される」とした。

結論としてこの事案では，警察官の手首をつかむなどの行為は違法捜査ではないことから，被疑者が行った警察官の手を振り払う等の暴行は正当ではないとされ，公務執行妨害罪の成立が認められた。

(c) **令状主義**

憲法33条および35条は，人や物に対する強制処分について，「令状」を求める。一定の重要な捜査活動はあらかじめ裁判官の発付した令状がなければ実施できないとする原則を令状主義という。

確かに，刑訴法は逮捕・勾留・捜索・差押え・検証等の強制処分を具体的に定め，その要件も定めている（強制処分法定主義，(b)参照）。例えば，被疑者が罪を犯したことを疑うに足りる相当の理由がある場合しか逮捕（通常逮捕）してはいけないなどである。

しかし，たとえ法律に適切な内容を定めても，捜査機関がその該当性の判断を誤るかもしれない。そこで公正な第三者である裁判官が処分の当否を検討した上で令状を発付することを求めた。

なお，このような令状主義の機能，つまり，裁判官が令状審査の結果，要件が充足している範囲で（人に対するまたは物に対する）処分を具体的に明示することによって，捜査機関が行うことができる範囲を合理的に限定するという機能からは，例えば，捜索・差押令状においては，捜索対象場所の住所や，差押え対象物を特定しなければならない（処分対象の特定・明示，憲法35条参照）。

(5) **証拠に関する原則（違法収集証拠排除法則，伝聞法則，自白法則）**

(a) **違法収集証拠排除法則**

> **事例6-1**：AはBに対する殺人で起訴された。Bの死体と，その死体に付いていた指紋がAの指紋と一致することの鑑定書が証拠として提出されたが，このBの死体は，警察がAを拷問して，森に埋めたという供述を得て獲得したものであった。

刑事訴訟法において証拠を獲得するための手続が詳細に規定されている。これらの規定に対する重大な違反のある手続によって獲得された証拠については、証拠能力は否定される。例えば令状主義の精神を没却するような重大な違法がある場合、これを証拠として許容することが、将来における違法な捜査の抑制の見地からして相当でないと認められる場合に証拠能力が否定される（違法収集証拠排除法則）。

確かに、証拠物はどのような手続で押収しようが、その証明力（当該証拠をもって証明しようとする事実を推認させる力）に変わりないことも多い。例えば、事例6-1の死体（と鑑定書）は、拷問で得た供述に基づき入手されたところ、その死体がAが犯人であることを推認させる力そのものは、拷問があったか否かでは変わらない。

しかし、拷問は重大な違法であって、国民の司法の信頼の担保（司法の廉潔性）の観点や、そのような証拠を許容すれば、また警察が同様の違法捜査をしかねない（違法捜査抑制）という観点から、そのような方法で収集された証拠の証拠能力は否定される[3]。

(b) 伝聞法則

> **事例6-2**：事例6-1の事件で、Aは、Bが死亡したと推定される時間にアリバイがあると主張していた。検察官は、Cの「Bが死亡したと推定される時間の30分前に、Bの家にAとBが入っていったのを見た」という供述調書の証拠調べを請求した。

Aとしては、Cに対して反対尋問を行い、見たのは本当にAなのか、別人を見たのではないかや別の機会の記憶との混同ではないか確かめたいだろう。だから、このCの供述調書のような伝聞証拠、つまり反対尋問等によるチェックを経ない証拠は原則として利

---

3) 斎藤司『刑事訴訟法の思考プロセス』（日本評論社、2019年）374-376頁。なお、ここで問題となる死体は拷問により「直接」得られたものではないことから、いわゆる毒樹の果実論が問題となる。この点については、同書381頁以下を参照。

用することはできない（伝聞法則）。重要な原則の1つである。

> **事例6-3**：事例6-1の事件で，Dが証人として法廷に立ち，Dは「Cから『Bが死亡したと推定される時間の30分前に，Bの家にAとBが入っていったのを見た』と聞いた」と述べた。

確かにDは証人として物理的に法廷に存在する。しかし，実際に目撃したのはCであり，Aに対し，Cに反対尋問を行う権利を認めるべきである[4]。そこで，事例6-2のような「書面の証拠」にとどまらず，事例6-3のようなものも含め，反対尋問を経ない証拠は原則として利用できない。

(c) 自白の任意性（自白法則），補強法則

> **事例6-4**：事例6-1の事件で，Aは自白したが，これは拷問によるものだった。

自白は証拠の王様（女王）と呼ばれ，その獲得のため，かつては拷問が行われていたし，現在でも，長時間の取調べや威圧的取調べ等が問題となる事案が存在する。そこで，そのような自白を証拠として裁判手続において利用してはならないとされた。事例6-4の自白は任意性が否定される自白（刑訴法319条1項の「任意にされたものでない疑のある自白」）として証拠能力がない（自白法則）。

> **事例6-5**：事例6-1の事件で確かにAは任意に自白したがその自白以外に証拠はない。

補強法則は，裁判所が自白だけで被告人に有罪心証を抱いたとしても，他に有罪を証明する証拠がなければ無罪判決を宣告すべきという考えである（憲法38条3項，刑訴法319条2項）。このような考

---

4) Dに反対尋問をしたところで，「詳しくはCに聞いてくれ」となる。

えにより，捜査機関に客観証拠を取得させ，裁判官が自白を過大評価して有罪判決を下すことを回避し，もって（でっちあげた）架空の事件その他の冤罪事件で被告人を罰する事態を避けようとする。

(6) 疑わしきは被告人の利益に（無罪推定，利益原則，合理的疑いを超えた証明）

最後に，「疑わしきは被告人の利益に」（無罪推定，利益原則，合理的疑いを超えた証明）という原則にも触れたい。

人間である裁判官が判断をする以上は，どうしても「わからない」ということがある5)。その場合に「わからないけど疑わしいから有罪！」とすることは許されない。刑法は，法益を保護するため，重大な害悪たる刑罰を非難として与える。したがって，違法行為をしたとして非難できる者にしか，その害悪を与えてはならない。特に，冤罪，つまり犯罪を行っていない者を有罪として，刑務所に入れたり，死刑としてその命を奪うことは，国が誤って人の自由や生命を奪う行為として絶対に許されない（第3章2参照）。

だからこそ，「疑わしきは被告人の利益に」の原則（無罪推定，利益原則）が適用され，裁判官は，合理的な疑いを挟む余地がない程度の証明がなければ有罪判決を宣告することができない6)。つまり，単に「疑わしい」だけでは有罪にはできず，被告人側の説明をも踏まえて，高度の確信に至らなければ有罪にできないのである。

なお，被疑者・被告人には黙秘権（憲法38条，刑訴法198条2項，311条1項）が保障されている。そこで，刑訴法上は利益・不利益を問わず一切の事柄について包括的に沈黙することができる7)。

---

5) 第5章（2(2)(b)参照）では民事訴訟において，このような真偽不明の場合に証明責任によりどのような判決を下すかが決まると説明した。ここにおいて民事訴訟手続と刑事訴訟手続の大きな違いが見られる。

6) 有罪判決に「犯罪の証明があつたとき」を求める刑訴法333条および，「犯罪の証明がないとき」に無罪判決とすべきことを定める刑訴法336条参照。

もし，被疑者・被告人に黙秘権を保障せず，供述義務を課せば，結果的には被告人側で無罪であることを証明しなければならなくなり，「疑わしきは被告人の利益に」の原則を無意味なものにしかねない，という評価もできるだろう。

3　捜査の流れとポイント

(1) 捜査の流れ

まず，「捜査の端緒」から始まる。つまり，司法警察職員（2(1)参照）は犯罪があると思料する時に捜査を開始する（刑訴法189条2項）ところ，犯罪があると思料するに至った原因が捜査の端緒である。申告，職務質問，検視，告訴，告発，自首，現行犯逮捕等がある。

捜査の端緒を前提として捜査が実行される。捜査は人と物の双方に対して強制処分（2(4)(b)参照）により，または任意捜査により実施される。人に対する強制処分というのは犯人の発見，確保に向けた措置であり，逮捕・勾留である。物に対する強制処分というのは証拠の発見・収集に向けた措置であり，捜索・差押え等である。

逮捕は通常逮捕，現行犯逮捕および緊急逮捕に分けられる。通常逮捕は，裁判官が，被疑者が罪を犯したことを疑うに足りる相当の理由があると認めて逃亡や証拠隠滅の防止[8]のために発する逮捕状に基づく逮捕である。しかし，逮捕状を請求して裁判官の審査を受けるには時間がかかる。例えば，目の前で殺人が行われている場合には現実的ではない。そこで，現に罪を行っている者または現に罪を行い終わった者（212条1項）について現行犯逮捕が認められて

---

7) 憲法38条が自らの罪に関わり得る不利益な事実の供述の強要のみを禁止しているのに対し，刑訴法上の保護範囲は広い。緑大輔『刑事訴訟法入門〔第2版〕』（日本評論社，2017年）165頁以下参照。
8) 逮捕の必要性（刑事訴訟規則143条の3）として，逃亡や証拠隠滅のおそれが含まれるとされている。斎藤・前掲注3）142頁参照。

いる。また，緊急逮捕は，死刑または無期もしくは長期3年以上の拘禁刑に当たる一定の重大な犯罪を犯したことを疑うに足りる十分な理由がある場合に，急速を要し，裁判官の逮捕状を求めることができないとき，その理由を告げて，令状のないまま被疑者を逮捕することをいう（210条1項）。緊急逮捕後直ちに裁判官の逮捕状を求める手続を行わなければならない。

通常は司法警察職員（2⑴参照）が逮捕し，その後検察に送致する。まず犯罪事実の要旨を告知し，弁護人選任権を告知した上で，弁解の機会を与え，48時間以内に検察に送致する（または釈放する）。検察官は送致を受理すると弁解の機会を与え，受理から24時間以内に勾留請求をするか釈放する（または公訴を提起する）。送致から受理まで若干の時間がかかるが，逮捕から合計72時間以内に勾留請求（または公訴提起）をしなければならない。

勾留は原則10日，延長によりさらに10日である（合計20日。なお，内乱罪等の例外的場合には合計25日の場合もある）。勾留するには，理由（嫌疑に加え，住居不定，罪証隠滅のおそれまたは逃亡のおそれが必要）と必要性（諸般の事情を考慮して勾留が相当か）が必要である。勾留請求を受けた裁判官は，勾留質問を行い，被疑事件を告げ，被疑者の陳述を聴取し，被疑者に，弁護人選任権および国選弁護人選任権を告げ，弁護人選任の申出方法や国選弁護人の選任請求を教示する。勾留の要件を充足する場合に裁判官は速やかに勾留状を発する。

他方，証拠収集としては，領置，捜索，差押え，検証，実況見分，公務所等への照会等の方法がある（2⑷(b)参照）。

領置とは令状なく押収，つまり捜査機関が物の占有を取得することができるものであり，任意捜査である。被疑者等が遺留したものや所有者等が任意提出したものを領置できる。例えば，事例6-1以下の殺人被疑事件であれば，現場に残されたタバコの吸殻を領置するとか，Aが任意提出した犯行当時の服を領置するなどである。

捜索とは、一定の場所・物・人について証拠物を発見するために行う強制処分で、令状が必要である。例えば、事例 6-1 以下の殺人被疑事件であれば、Aの家に入って証拠を探すなどである。

差押えは強制処分として押収、つまり捜査機関が物の占有を取得するもので、令状が必要である。事例 6-1 以下の事案であれば、Aの家で発見したBの殺害計画メモを差し押さえるなどである。

検証とは、五感の作用により、場所・物・人の身体について、その性質・形状・状態を認識する強制処分をいう。例えば、事例 6-1 以下の殺人被疑事件であれば、AのつめにBの皮膚等がないか身体検査を行うなど、検証令状（身体検査令状）を取得して検証を行う。

実況見分とは、五感の作用により、場所・物・人の身体について、その性質・形状・状態を認識する任意処分をいう。例えば、事例 6-1 以下の殺人被疑事件であれば、Bの死体発見場所に行って、Aにどのように埋めたのか実演を求める等である。

公務所等への照会は、公務所または公私の団体に照会して必要な報告を求めるものである（捜査関係事項照会、197 条 2 項）。事例 6-1 以下の殺人被疑事件であれば、市役所などに、Aの戸籍や住民票を出してもらうなどである。任意捜査であって、令状等は不要である。

以上の捜査を踏まえ、検察官は公訴の提起を行うか否かを決める。起訴便宜主義（248 条）から、検察官は、起訴すれば有罪になる見込みがあっても起訴をしないこと（起訴猶予）ができる。

(2) ポイント

既に述べたとおり（2(4)(b)参照）、ある捜査が任意捜査であるか、強制処分であるかによって、当該捜査を実施するための要件が異なる。もし、ある捜査手法が強制処分だ、となれば、法律に規定がされ（強制処分法定主義）、かつ、適切な令状の発布を受けていなければ違法となる（令状主義）。そこで、判例の基準を踏まえながら、問

題となる特定の捜査が任意捜査であるか，強制処分であるかを説得的に説明できるようになる必要がある。

また，仮に任意捜査であっても，一定の範囲の有形力が行使されるなど，被疑者の権利利益を制約することになる。そこで，その任意捜査が限界を超えないかも別途検討が必要である。

4 公判の流れとポイント

(1) 公判の流れ

公訴提起後，充実した公判審理を継続的，計画的，かつ迅速に行うため，証拠開示や争点・証拠整理を行い，審理計画を策定する公判前整理手続（刑訴316条の2）などの公判準備が行われる。

その上で，公判では，冒頭手続，証拠調べ手続，被告人質問，弁論手続および判決宣告が行われる。

冒頭手続では，氏名，生年月日，本籍，住所および職業等を確認する人定質問，起訴状朗読，黙秘権等の告知，被告人および弁護人の被告事件に対する陳述である罪状認否が行われる。

証拠調べ手続の冒頭で，冒頭陳述，すなわち検察官により，証拠により証明すべき事実が明らかにされる。弁護人も冒頭陳述をすることがある。その上で，検察官が証拠調べ請求を行う。そして裁判所が弁護人の意見を聴いた上で，証拠の採否を決定する。採用された証拠については証拠調べが実施される。書証であれば，朗読または要旨の告知，人証であれば証人尋問である。その後，被告人・弁護人立証が行われる。実務上は，被告人質問を実施することが多い。

弁論手続において，検察官は事実および法律の適用について意見を述べる，これを論告といい，主に有罪無罪および量刑について意見を述べる。その後弁護人が意見を陳述する。これを弁論という。そして，次に被告人が意見を陳述する。これを最終陳述という。

最後に判決が宣告される。

(2) ポイント

証拠，特に証拠能力について，例えば伝聞法則（2(5)(b)参照）や自白に関するルール（2(5)(c)参照）を具体的な事案に適切に適用していくことが重要である。これらのルールをザックリと理解しているだけでは，少なくとも応用的な問題には手も足も出ないことに留意が必要である。例えば，伝聞証拠を書面のことのみだと理解していると，事例6-3のDの証言が伝聞法則の問題となることに気付くことができないかもしれない。やはり，まずはそもそもどのような趣旨でそのようなルールが設けられたかという基本のところを理解した上で，実際に問題となり得る事案類型と，それらに関する（例えば）証拠として許容される／されないの判断の分かれ目の部分とその理由をしっかりと理解していく必要がある[9]。

5 事例問題の検討手順

刑訴法の試験では，具体的な捜査や公判の状況が示され，当該状況が適法か（例えば警察官の捜査が適法か）とか，特定の立場の者が

---

[9] なお，訴因変更の可否・要否という重要な論点もある。これは例えば，裁判所が検察官の主張する事実と少し違った事実を認定しようと考えた場合に，常に無罪判決しか下してはならないのか，という問題である。確かに殺人「既遂」だと検察が主張し，弁護人が殺人「未遂」を主張した場合において，裁判所が「殺人未遂ではないか」と考えたのであれば，殺人未遂の有罪判決を下してもよさそうである。しかし「殺人だ」と検察が主張したところ，裁判所が「窃盗だ」と考えた場合に，突然「窃盗で有罪」と判断することには問題がありそうである。このような観点から，手続を踏んで窃盗を審理対象とすることが考えられるところ，この裁判手続の中で審理できるのか，別の裁判手続とすべきか等が問題となる。

どうすべきか(例えば,検察官が請求した証拠に対し弁護人が伝聞証拠だと主張する場合,裁判所はどうすべきか)などが問われる。

この場合,やはり刑訴法(そして憲法)の規定がまず問題となる。ただ,その文言が抽象的で,具体的な事案に関する明確な指針とならない場合には,判例や学説等を踏まえてそれをより具体化した規範を基に判断していくこととなる。

6　刑訴法と実務とのつながり

(1) 企業の非法務担当者の業務とのつながり

例えば,部下等が逮捕されたという場合,刑訴法を知らなければ,「逮捕をしたということは悪いことをしたということだ」などと考え,安易に解雇してしまうかもしれない。しかし,刑訴法を知っていれば,逮捕が単に一定の嫌疑の存在を示すに過ぎず,逮捕されても勾留に至らなかったり,不起訴となったり,場合によっては無罪となるということがわかるので,適切に対応することができる。

(2) 企業の法務担当者の業務とのつながり

企業の法務担当者は,上記((1)参照)のような対応について法務的観点から助言することに加え,自社やその役職員が被疑者・被告人または被害者となる刑事事件(第3章参照)について対応を行う。例えば,独占禁止法違反(第3章6参照)の被疑事件で自社やその役職員が捜査の対象となった場合には,事実関係を確認した上で,どのような方針をとるか(冤罪であって無実であることを主張する,あるいは確かに悪いことをしたとして全面的に捜査に協力し再発防止に努めるなど)を検討し,それに基づく対応を行う。

なお,第三者の犯罪についても,捜査関係事項照会(刑訴法197条2項,3(1)参照)等が来ることがあり,その対応を行うことになる。

(3) 公務員の業務とのつながり

既に述べたとおり（第3章6参照），行政法違反が刑事犯罪となることも多く，刑事告発等を検討するため，刑訴法が重要である。

また，警察官はまさに刑事訴訟法に基づき捜査活動に従事する。

(4) 弁護士・法曹等の業務とのつながり

一般的に社会では，犯罪が起こるとどうしても犯人を早く検挙して厳罰を与えるべきという論調になりがちであるし，それはある意味では人間の性かもしれない。しかし，それにより多くの冤罪事件が生まれてきたことは，袴田事件（1参照）を引くまでもないだろう。多くの人が「早く処罰を」と叫ぶような状況だからこそ，冷静に「この人が犯人ではないかもしれない」とか「この人にとって有利な事情があるかもしれない」という見方から検討することで，より適正な判断につながる。その意味では，弁護人というのは「嫌われる」仕事ではあるが，非常に重要な仕事である。

他方，検察官は，公益の代表者として刑訴法に基づき捜査および公判対応を行う。また，裁判官は刑事事件において刑訴法に基づき裁判手続を主宰し，令状を発付する。

裁判所書記官は刑訴法に基づき調書等を作成する。検察事務官は検察官を補助し，捜査等を行う。

Column 視点を変えて制度を学ぶ

法律を学ぶということは，社会において政治，経済，人文学等の様々な視点があることを前提に，そのうちの1つの視点を学ぶということである。ただし，同じ「法律」を学ぶ場合でも，それを1つの視点からだけ学んだのでは，得られないものがあるかもしれない。

例えば，刑事訴訟については，同じ法制度を捜査機関側，被疑者・被告人側，そして被害者がそれぞれどのように受け止めるのかといった観

点から見てみると，違って見えてくる場合があるだろう。

行政法についても，例えば行政（国や地方公共団体）側の観点に加え，特定の処分をするよう働きかける側（事例8-2〔第8章〕のC参照）と，しないよう働きかける側（同事例のA参照）の観点，会社法においても，取締役，株主，債権者等の各ステークホルダーの観点があり得る。

特定の観点からある法制度を見たときに疑問に思うことがあっても，別の観点から見た場合には合理的に映るかもしれない。このように，あえて視点を変えることで，より深い学びを得ることができる。

第7章
会社法入門

1 会社法の学習を通じて習得したい事項

会社法はある意味では手続法である。会社法は，会社制度を定め，「このような制度をこのような手続で運営する旨を定めているので，利用したい人は利用して下さい」，とする。そこで，どのような制度で，どのような手続が定められているかを学ぶべきである。

そして，会社には多数の利害関係者（ステークホルダー）が存在する。主なステークホルダーとしては，経営者，株主，従業員，取引先（販売先と供給者〔サプライヤー〕双方），消費者（B2Cといわれる消費者向けビジネスの場合），銀行，行政，（例えば工場を想定すると）周辺住民等が挙げられる。これらの利害を適切に調整するためのガバナンスが重要であり，会社法の制度・手続がそのような利害関係の調整にどのように役立っているのかを学ぶことも重要である。

2 会社法の基本原則と解釈上の特徴

(1) 小規模非公開会社と大規模公開会社

会社法は，「商法」における株式会社等の規定と，中小非公開会社[1]のための有限会社法が統合されてできた。日本には大きく2

---

1) 中小非公開会社は閉鎖会社という表現が用いられることも多いので，教科書等に「閉鎖会社」と出てきたら，株式を公開していない非

つの類型の会社がある。1つは公開会社で、典型的には東京証券取引所等に上場している上場企業である。もう1つは、多くの場合、いわゆるオーナーがいて親族が支配し、経営している非公開会社である。そして、かつては公開会社向けの株式会社に関するルールと、非公開会社向けの有限会社に関するルールが別の法律に分かれて存在していた。そしてこのルールが、会社法が制定されたときに「株式会社」に関するルールとして統合された。要するに、上場公開会社も非公開会社も同じルールを遵守することになる。

法律上は同じ株式会社であっても、これら2種類の会社は性質が全く異なる。だからこそ会社法では、会社の組織のあり方や運営の方法など（機関設計と呼ばれる）について、豊富な選択肢を準備しており、各企業は定款（会社の憲法のようなもの）で定めることで、これを自由に選んでよいとする。例えば、株主が1人いて、その人が唯一の役員（取締役）という会社の形も選ぶことができる。

とはいえ初学者のみなさんには、会社としてまずは公開会社、いわば上場企業のような、多くの一般の人に株を購入するチャンスが開かれた大企業（より正確にいえば、そのうちの、監査役会設置会社）をイメージしていただくこととしよう。そして会社法の中の選択肢のうちこれらの会社が選び取っているものを以下説明することで、会社法を大づかみに理解いただくこととしよう。

(2) **大規模公開会社の基本的考え方**

会社という制度は、「1万円では事業はできないが、1億円になるとそれを元手として面白い事業を行うことができ、そこから利益を得て、最初の1億円が、2億円にも、10億円にも、100億円にもなる可能性がある」という発想から、「1万円しか持っていない人が1

公開会社のこと理解されたい。

万人いる場合において，どのようにしてこれを実現するのか」ということを考えて設計されたものととらえることができる。

(3) 株式の仕組み

1万人が1万円ずつ出してできた1億円を元にした事業で成功し，大きな利益を得る可能性がある。このような，お金を投資して，うまくいくと収益が得られるかもしれないというプロジェクトに1口以上乗った人を「株主」という。株主の持分，例えばこの人は1口1万円，この人は2口2万円というのを「株式」というが，これを口数に応じて均等に持つことになる。本来はこの人が株主でないと困るといったことはなく，1口は単なる1口である。どの株主でも自分の出資額に応じた数の「株式」を持つ。単に出したお金（口数）に応じて株式数が違うというだけである。

なお，株主総会では，株主は，有する株式1株につき，1個の議決権を有する（一株一議決権）。そして，資本多数決によって物事が決定する。要するに，原則，51％の株式を持った株主の賛成があれば49％の反対があっても議案等が通る。

株主は有限責任である（株主有限責任の原則，会社法104条）。会社の事業がうまくいかず債務を負って倒産しても，株主としては最初に払い込んだ出資の価値がなくなるだけで，それ以上の責任を負うことはない。だからこそ，安心して投資できる。もしかするとこれを「無責任な態度だ」と思われるかもしれない。しかし，後述するとおり（(7)参照），株式は自由に売却することができ，株主は常に変動していく。多数の常に変動する個々の株主に責任を負わせるのではなく，会社にお金を貸す銀行や取引先は，最終的に出資として払い込まれたお金をあてにして取引を行うという制度となっている（なお，社長等に連帯保証〔第2章5(4)参照〕をしてもらうこともできる）。

(4) 経営（と監視）の専門家＝取締役

とはいえ，1万円（分の株式）を持っている「普通の人」には，経営の能力はないだろう。要するに，1万人の株主の多くは会社員や学生で，自ら経営したいわけでもない。そのような経営の意思も能力もない株主自身で会社を経営してもうまくいかないだろう。

単にお金があるだけではビジネスはできない。そのお金を元手として増やせる，経営の才覚がある人が必要である。経営は，経営の専門家に任せたい。それが経営者，取締役である。このように株主と経営者が分離していることを「所有と経営の分離」という。取締役はあくまでも株主のために経営をすることを職責とする。株主のお金を最も有効に活用して儲け，それを株主に還元することを任務としている。そして取締役は複数人が想定されるところ，そのうち誰が会社を代表できるかを明確にしないと，取引先は誰と契約していいのかなどがわからない。そこで，代表取締役を定めることになる（複数でもよい)[2]。なお，「社長」は会社法において定義されているわけではないものの，慣例上会社のトップは社長と呼ばれている。よって代表取締役社長と呼ばれる人がトップの会社が多い。

(5) 適法性と効率性の観点からの監視・評価

取締役が適法かつ適切に経営を行うからこそ会社のビジネスが維持発展する。しかし，株主には経営能力を期待することができないだけではなく経営の監視能力も期待することができない。株主にできるのは株主総会で問題のある取締役を再度選ばない（重任させない），解任する程度である。そこで，このような取締役に対する監視・評価の仕組みを構築する必要がある。

---

[2] そして，誰が会社の代表権を有しているかなどが債権者等のステークホルダーにとって明らかになるよう，取締役や代表取締役の氏名等を登記することで公示する。

取締役に対する監視・評価の際の主要な2つの観点として、法令の遵守や不正の防止等（適法性ガバナンスと呼ばれる）と生産性・収益性を維持向上させて持続的に成長できるようにすること（効率性ガバナンスと呼ばれる）が存在する[3]。

まず、強大な権限を持つ取締役に対し、何の監視・監督もなされてなければ、もしかすると取締役が目の前のお金を持ち逃げしたり、不正な取引（例えば取締役の親族の会社に架空の発注をして会社のお金を実質的に自分の懐に入れるなど）をしてしまうかもしれない。そこで、そのような取締役を監視する仕組みが必要である。

その仕組みの重要なものの1つが取締役間の相互監視である。重要事項は特定の取締役（例えば代表取締役）の独断で決めることができないとして、取締役の合議体である取締役会で議論することを求め、また、各取締役に他の取締役を監視する義務を負わせた。これにより、相互に監視と牽制を行う。だからこそ、他の取締役の監視も、取締役の重要な任務である。ここで、社外取締役という制度に一言触れたい。全ての取締役が自ら経営に従事する（会社の業務を執行する）のではなく、一部の取締役は、経営の監視役（および評価役）として選任されている。社外取締役はそのような監視（と評価）を任務とする典型的な取締役であり、一定の企業にはその設置が義務付けられている。なお、監査役も取締役に対する監視を行う。

次に、企業価値の増大に向け、経営陣が適切な経営を行っているかという観点から、社長等の取締役の対応を監視・評価していく必要がある。このような監視・評価においても社外取締役が重要な役割を果たす。例えば、取締役の報酬について、企業業績を適切に反映する報酬制度設計とすることや、企業業績を評価して取締役の人事に反映する（例えば株主総会において会社として、その取締役の再任を

---

[3] 田中亘『会社法〔第4版〕』（東京大学出版会、2023年）159-160頁参照。

(6) 経営判断原則と信頼の原則

　取締役が頑張っても経営判断がマイナスの結果をもたらすことがあるところ，取締役が萎縮して十分に活動できないならば，会社のビジネスを発展させることは実現できない。事例[5]を挙げよう。

> **事例 7-1**：「銀座の焼肉店を買わないか」という話が甲社に舞い込んだ。甲社の取締役はその話を受けるかどうかに関する経営判断をしなければならない。

　確かに，2025年2月現在においてはコロナ禍も落ち着いてインバウンドといわれる外国人観光客も増えている。しかし，今後，再びコロナ禍等の何らかの理由で外食が難しくなるかもしれないし，外国人観光客が増え続けるとは限らない。そうすると，状況によっては焼肉店を買収することで大きな利益を上げられるかもしれないが，失敗すると大損することになる。そのような場合に，結果的に損をした以上常に取締役に責任を負わせるとすれば，取締役は，萎縮してしまって積極的な経営判断をしなくなってしまう。それでは，会社が利益を上げることはできない。そこで，情報収集過程と内容の双方において著しい不合理性がなければ，そのような判断に対して取締役は責任を負わないとされている（これを経営判断原則という）。

　また，例えばある会社の従業員が1万人存在する場合において，取締役がその全員の一挙手一投足を詳細に管理・監督することは到底現実的ではない。そこで，内部統制システム，つまり通常想定さ

---

[4] 「『稼ぐ力』の強化に向けたコーポレートガバナンス研究会 会社法の改正に関する報告書」（https://www.meti.go.jp/shingikai/economy/earning_power/pdf/20250117_2.pdf）も参照。

[5] 松尾・キャリアデザイン5頁でも挙げた事例である。

れる不正行為を防止し得る程度の管理体制が整えられていれば，問題となった不正行為を予見すべき特別の事情がない限り，他の取締役やその下の部門の職務遂行が適正に行われていると信頼してよい（不正の責任を負わない）という，信頼の原則が認められている。

(7) 投下資本回収のための「株式譲渡自由の原則」

さて，株主にも現金が必要となる場合がある。例えば，株主Ａがなけなしの１万円をはたいて投資したが，子が大学に進学して学費が必要となるなどで，その投資を現金に換えたくなることがある。その場合，会社が株主の依頼に基づき投資したお金を好きなだけ現金に換えてあげる（出資を払い戻す）と，大変なことになる。株主は，インサイダー，つまり会社の内部者であり，会社が危なくなったらそれをすぐに察知することができる。そのような人に好きなだけ換金させたら，会社が危なくなると，まずは株主が先に投資したお金を全部取り戻してしまい，会社の債権者，例えば銀行は「抜け殻」になった会社に対する債権を持つに過ぎなくなる。そこで，会社法は出資の払戻しについては厳格な制限を課した。

しかし，同時に，「今すぐ現金がほしい」という株主のニーズに応える方法も用意する必要がある。そこで，債権者としても文句がない，「会社のお金が減らない換金手法」を認めることとした。それが「株式の譲渡」であり，株主ＡはＢに自由に株を売却することができるのが原則である（株式譲渡自由の原則，会社法127条）。

これによって株主は，投資継続中に配当による利益を狙うこともできるし，株式を売却して当初の出資額（または購入額）からの値上がりによる利益を得ることもできる。つまり，株式は投資対象として「おいしい」投資商品となった。だからこそ，多くの資金が株式市場に流れ込み，多くの会社が上場して資金を調達している。

3 利害関係の調整の具体例

(1) 「困った」の解消の意義

以下では、株主や債権者がどのような場合に困るかを想定し、会社法がどのように利害関係の調整としてそのような「困った」が生じない（過度なものとならない）ような対応を行っているかを説明する。もし、株主が不当な不利益を受ければ、株式を引き受けたり購入して株主となろうとする人がいなくなり、他方で債権者が不当に不利益を受ければ会社にお金を貸したり取引をする人がいなくなる。すると最終的に会社制度が成り立たなくなってしまう。そこで、会社法はそのルールを整備することで投資や貸付け等を呼び込み、会社の成長、ひいては経済成長につなげようとしているのである。

(2) 株主の「困った」

(a) 取締役の暴走

株主としては、専門家として任せた経営者（取締役等）が暴走したり、自己の利益を図るような行動をしたりすると困るだろう。

まず、法は取締役に善管注意義務（会社法 330 条、民法 644 条）や忠実義務（会社法 355 条）を課している。特に取締役は、他の取締役に対する監視も必要なので、他の取締役の暴走を抑え込むことが求められる。監査役も、取締役を監視する。取締役と会社（株主）の利害が相反して合理的判断ができない可能性の高い行為、例えば取締役と会社の取引等については、取締役会の承認を得させる等、手続においても暴走を防ぐためのルールが整備されている（365 条、356 条）。

次に、法は取締役の責任を定めており、取締役がその任務を怠ったとき、取締役は、会社に対し、これによって生じた損害を賠償す

る責任を負う（423条）。とはいえ，例えば代表取締役が暴走し，会社に損害を与えても，代表取締役が会社で実権を握っていれば，誰もその責任を追及しない。それでは取締役の責任を定めた意味がなくなることから，株主代表訴訟制度を設け，株主が会社を代表して，会社のため，取締役の責任を追及できるようにしている（847条）。

このほか，株主総会で取締役を解任することができる（339条）。しかし，株主総会の決議が成立するには多数の株主の協力が必要である（資本多数決。2(3)参照）。取締役が違法行為などをしたにもかかわらず株主総会の解任決議が成立しないといった一定の場合には，株主は裁判所に取締役の解任を請求することもできる（854条）。

(b) 経営方針の齟齬

上記のように経営を取締役（会）に任せている会社においては，株主の行うべき仕事は少ない。

株主は多くの場合，年1回の定時株主総会[6]で取締役の行う決算報告を承認し，また，取締役や監査役を選任する。一定以上の株式を持っていると，株主総会で議論すべき内容を提案することができる（株主提案権，会社法303条，304条）。ほかには上記の株主代表訴訟の提起や，取締役の解任請求等の少数株主権[7]の行使があり得る。

ただ，株主総会は，資本多数決であるため，例えば会社の利害に関する重要事項について，多数株主が特定の方針を支持したものの，自分はそれに反対であるという場合，自分が反対であるにもかかわらず，重要事項が決定してしまうことがある。例えば，問題がありそうな会社に吸収合併されるのは嫌という場合があるだろう。

---

[6] これに加え，必要に応じて臨時株主総会が開催されることもある。
[7] 一定の議決権数，総株主の議決権の一定割合または発行済み株式の一定割合を有する株主のみが行使できるもの。江頭憲治郎『株式会社法〔第9版〕』（有斐閣，2024年）131頁参照。

そこで，資本多数決の原則，すなわち51％を取れば株主総会で決議が成立するという原則については，一定の場合に例外が設けられている。合併のような重要事項については，例えば特別決議といって，株主総会において議決権の過半数を有する株主が出席し，出席した株主の議決権における3分の2以上の賛成が必要とされる。そこで，3分の1を超える反対派を確保すれば，その合併等をブロック（拒否）することができる（309条2項）。

しかし，それでも合併推進派が3分の2を確保してしまうかもしれない。その場合に，株を売却することは可能である（株式譲渡自由の原則，2(7)参照）。ただ，問題のありそうな会社に吸収されることで自分の思った価格で株を売却することができないという場合，反対した株主は会社に対して株式買取請求権を持つ。つまり，（本来払戻しをしないという原則〔2(7)参照〕であるものの，例外的に）会社に対し，公正な価格で自分の持つ株式を買い取るよう請求できる。

(3) 債権者の「困った」

銀行等，会社法の債権者としては，絶大な権限を持つ（代表）取締役が不当な行為を行って債権者の利益を害する場合が懸念される。典型的には，会社のお金を取締役自身のものにし，それによって会社が銀行の貸したお金を返せなくなるなどである。

そこでまず，連帯保証，つまり（代表）取締役に保証人になってもらって，もし会社がお金を返せなければ，（代表）取締役にその個人資産から払ってもらうという方法がある（第2章5(4)参照）。

次に，取締役が職務を行うについて悪意または重大な過失があり，それにより，債権者等の第三者に損害を与えれば取締役が直接その第三者に対して責任を負う（対第三者責任。会社法429条）。

株主有限責任の原則（2(3)参照）により，債権者は原則として株主に対して，会社の債務を支払うよう請求することはできない。な

お，会社という名目を使って取引しているものの実質的には背後にいる取締役や株主が会社という法人格を濫用している場合，または会社が形骸化しているなどの場合には，会社と取引した債権者が，背後にいる取締役や株主に対し責任を追及できるという「法人格否認の法理」も存在する[8]ものの，公開会社ではあまり利用されないのでここでは詳論しない。

4　事例問題の検討手順

特定の人（取締役等）や会社の具体的な行為等が示されてそれが適法か，あるいは有効か（株主総会であれば取消事由があるか）と問われることがある。これに加えて，利害関係の調整の視点を入れて，取締役等が問題のある行為を行ったところ，株主として何ができるかを問うことで，会社法の定めている利害調整の仕組みを理解しているかが確認されることもある。例えば，会社に損害が発生した事案について，取締役がその任務を怠ったといえるか，という点をまずは前提として検討させた上で，そのことを前提に，代表訴訟の提訴要件を満たしているかなどを検討し，代表訴訟で取締役の責任を追及できるか否かを論じさせる問題が出題されることがある。

5　会社法と実務とのつながり

(1) 企業の非法務担当者の業務とのつながり

大多数の「企業」は株式会社であり，みなさんが将来就職する会社は，会社法に基づき運営されている。仕事をする上で，稟議とい

---

8) 本書冒頭（「はじめに」参照）で取り上げた（株式非公開会社を利用することが想定される）詐欺の事案では，黒幕に対して法人格否認の法理を利用して責任を追及することも考えられる。

って，多くの上司の承認を受け，最後は取締役会の承認を得る必要が生じることが多い。稟議手続の少なくとも一部は，会社法が重要事項について取締役会の承認を求めることから必要とされている。

また，会社の経理は会社法に基づき行われる（その他金融商品取引法・税法，会計基準等も関係する）。

さらに，総務部門であれば株主総会対応を行うことになるだろう。

加えて，金融業界に進んだ場合において，融資や投資を行う際に，対象となる企業が（どの種類の）会社形態か，どのような仕組み（機関設計）を選択しているかなどがその選別・評価の際の指標になる。

このような意味で，会社法を理解することは，自分の就職先や取引先等の会社の運営を理解することになる。

なお，会社法に基づく内部統制システム（2(6)参照）の一環として，例えば内部通報制度が整備されている。多くの大企業では，内部の窓口に加え，外部の法律事務所を窓口とすることで，通報の「揉み消し」をなくし，かつ，できるだけ通報者を保護できるようにしている。会社法の勉強を通じてこのような内部統制システムを理解することで，社会人になってから会社の不正を発見したり，ハラスメントを受けたりした際の対抗手段を知ることができる[9]。

(2) 企業の法務担当者の業務とのつながり

企業の法務担当者は，いわゆる機関法務として，取締役会や株主総会に関する法律相談等を行うが，これは会社法に則して行われる。ただし，上場企業では，金融商品取引法のルールや，東京証券取引所のルール等，会社法にはない遵守すべきルールが上乗せでかかっ

---

9) なお，一対一のハラスメント等では，「証拠がない」と相手が否定することで「認定できない（ノンリケット，真偽不明）」となる可能性がある（第5章参照）。メールやメッセージがある事案ならそれを提出することが考えられるが，口頭の場合，録音等を通じて自分を守るべき場合もあるだろう。

てくるので,会社法だけを学べば足りるというものではない。

また,企業法務においては,各案件について「合理的に取ることができるリスクの範囲」に収めるためのリスク管理を行う[10]ところ,当該リスク管理は,取締役がその責任を免れることができる範囲で行われるのだから,経営判断原則等の理解は必須である。

さらに,株主総会決議取消訴訟や取締役の責任を追及する株主代表訴訟等が提起され,法務担当者が担当することもある。

なお,他の企業を買収したり,買収されたりするM&Aにおいて(経営企画等他の部門も関与するものの),法務は合併,株式譲渡や新株発行等の手続が会社法に則って行われることを確保する。

(3) 公務員の業務とのつながり

公営企業等,自治体等が出資を行っている企業の管理等の業務においては,会社法の理解が必要である。また,自治体に関係が深い上場企業の株式を自治体が取得して,自治体の意向をより尊重してもらおうとする動きも見られるが,その場合にはまさにその上場企業は会社法に基づき経営されているのだから,公務員として会社法を知っておかなければならない[11]。

また,自庁が許可権限を有している場合に,提出される許可申請書の添付書類には定款,貸借対照表,株主名簿等が含まれ得るところ,それらは会社法に基づく(またはそれに準じた)書類である。

加えて,国家公務員であれば国の経済政策としての会社法制(その特例等を含む)を検討することがあり得るし,地方公務員は地元での起業促進等を行うことがあるだろう。

---

10) 松尾・キャリアデザイン9頁以下参照。
11) 例えば,一定以上の株式を保有することで株主提案(3(2)(b)参照)ができるようにしたい,というのであれば,どの程度の株式が必要かを会社法に基づき把握しておかなければならない。

(4) 弁護士・法曹の業務とのつながり

弁護士は，企業における会社法対応の支援・助言等を行い，また，会社法に関する裁判等が生じた場合には，代理人として訴訟追行を行う。裁判官は，会社関係訴訟において会社法に基づき判断を行う。

(5) その他の実務とのつながり

キャリアプランニングと将来の人生における資金計画（ファイナンシャルプランニング）は密接に関連する。読者のみなさんには既にNISA等の株式投資を始めている方もいるだろうし，将来そのような投資をする人もいるかもしれない。また，個人として投資をしなくても，何らかの年金に加入することになるところ，会社法制が会社の業績，ひいては年金の運用等に影響するという面も指摘できる。

2022年，会社法に基づく外国会社の登記義務について，法務省等がこれを履行するよう外国の重要なプラットフォーム事業者に要請した。その結果として，当該外国会社を日本の裁判所において訴えやすくなるなど，実務上の影響も生じている。このように，会社法とその運用の実務上の影響は大きい。

Column　学ぶために経験をしてみる

さすがに「刑事訴訟法を学びたいので犯罪をしてみます」はやめてほしいが，会社法の理解のため，証券会社で口座を作って数万円くらいの比較的低額の株式投資をすることは十分に考えられる。とはいえ多くの学生にとって決して少なくはない金額であるから，投資先はどういう会社なのかを調べることになる。すると開示書類や前年度の株主総会招集通知等に触れることができ，会社法だけでなく経済についても多くのことを学ぶことができるかもしれない。

なお，ここで注意すべきは，何事もバランスが大事ということである。社会勉強のつもりで始めた株取引にのめり込んで大学に来なくなってしまうというのは本末転倒である。もちろん，証券取引をするトレーダー

等のキャリアもあり得るが,例えば投資銀行に就職してトレーダーになるためには,大学で一通り勉強していることが大前提となる。

第8章
行政法入門

1 行政法の学習を通じて習得したい事項

　我々の日常生活の多くの部分は、(行政に関する様々な法の総称である)行政法で規律されている。例えば飲食店なら食品衛生法、私立大学なら私立学校法といった関係する様々な法律があるが、それらはいずれも行政法に属する。日本には約 2000 本の法律があるところ、その大部分が行政法である。

　なぜ行政法が多数存在するのだろうか。現代社会は、福祉国家といわれるように、行政活動が国民の生活の各側面に深く入り込んでいる。行政は、原則として法律に基づき活動を行う(法律による行政の原理)。よって、活動の根拠として様々な行政法が必要となる。

　もちろん、民主的コントロールのもと、法律案を最終的に可決して法律とするかは国会が決める。しかし、行政に関して専門技術的なことを理解しているのはやはり公務員である。そのようなわけで、国会に提出される法律案についてはそもそも内閣提出法案が多く、内閣提出法案のドラフトは公務員が行っている(第1章2(5)参照)。また、多くの場合には法律の委任を受けて公務員が政令や規則等の下位規範を作成する(第4章5(6)参照)。そして、法律によって行政に対し、裁量、つまり「行政が自由に判断できる余地」を与えている場合が多い。よって、その範囲では公務員が、何が公益に合致しているかを踏まえて判断していくことになる。

多くの大学の法学部では，行政法総論を講じている。これはある意味では「(行政法の) どの法律が問題となる場面でも，行政法総論の知識を基にすればある程度以上の水準の解釈を行い，問題を解決できるようになることが期待される」ということである。つまり，初見の個別の行政法 (例えば，飲食店の許可制度を定める食品衛生法) について困ったことが起きているという状況において，その法律について正しい法解釈に基づいて問題を解決することができるようになることが期待される。予備試験・司法試験でもそのような初見の個別の行政法に基づく解決が求められる (5参照)。

また，行政法に関しては，行政組織法や行政救済法の講義も用意されている。行政法を執行するのは例えば厚生労働省，法務省，国土交通省などの各省庁であり，そのような行政組織について規律しているのが行政組織法である。また，行政の対応に不満がある場合にどのように救済を受けることができるかも重要な問題である。行政は大きな権限を有している。例えば，行政が許認可を取り消すだけで当該企業が倒産するということはよく見られる。行政がそのような重大な権限を逸脱・濫用した場合に，どのように対抗できるかを定めるのが行政救済法である (4参照)。

2 行政法の基本原則と解釈上の特徴

法律が全ての行政活動を統御するという観点から，「法律による行政の原理」は重要である。

また，個別の行政法の定める法的仕組み，つまりその制度が全体としてどのような仕組みで行政目的を実現しようとしているかを理解することが重要である。例えば食品衛生法は，飲食店開業希望者に許可を申請させ，その際に許可要件として一定の有資格者を置くこと等の衛生向上に必要な対応を求め，許可を得ることではじめて

飲食店を経営することができるとする仕組みをとることで、食中毒等を防ぎ、公衆衛生を守っている。行政法の条文解釈を行う上でも、このような仕組みの実現という観点で解釈していく[1]。

なお、条文には要件と効果が書かれているところ（第1章2(2)参照）、行政法の特徴としてその要件と効果に裁量がある場合が多い。例えば「公益上必要がある場合」に処分をすることができると書かれてある場合、確かに要件は条文に書かれているものの、公益上必要があるとはどのような場合なのかについて具体的にはわからない。そこは法が行政に一定の判断の余地を認めているということであろう。ただ、例えばいくつか例示をした上で最後に公益上必要がある場合という定め方をする条文もあり、そうであれば、全くの自由な判断ではなく、例示に準じるようなものに限られるのではないかといった解釈も可能となる。いずれにせよそのような裁量をどのように統制していくか、つまり、適切にその裁量権を行使させ、それを逸脱・濫用した場合にどのように司法的に（裁判所において）是正していくかは行政法を学ぶ上で非常に重要である。

3　行政法総論

(1) 5つの重要問題

行政法総論では、基本的には、基礎理論、法的仕組み、行為形式、履行確保および行政手続という5個の重要な問題を検討することになる（(2)～(6)参照）。その説明のため、2つの事例を考えてみよう。

> **事例8-1**：Aは、レストランを開設しようと考え、所轄のB県知事に営業許可（食品衛生法55条）を申請する。

---

[1] このような仕組みを基にした解釈を仕組み解釈と呼ぶことがある。橋本博之『新版 行政法解釈の基礎』（日本評論社、2023年）参照。

食品衛生法55条1項は飲食店の「営業を営もうとする者は，厚生労働省令で定めるところにより，都道府県知事の許可を受けなければならない。」とする。そこで，Aは営業許可を申請している。

> **事例8-2**：Aは，許可を得て営むレストランで食中毒を出した。B県知事は営業許可を取り消そうとする（食品衛生法60条，6条）。

食品衛生法6条は販売が禁止される食品を各号でリストアップしているところ，同条3号は「病原微生物により汚染され，又はその疑いがあり，人の健康を損なうおそれがあるもの。」として食中毒の原因となり得る微生物等に汚染された食品等の販売を禁止する。

食品衛生法60条1項は「都道府県知事は，営業者が第6条（中略）の規定に違反した場合（中略）においては，（中略）許可を取り消し，又は営業の全部若しくは一部を禁止し，若しくは期間を定めて停止することができる。」とする。食中毒が発生した場合において，行政はこのような権限を行使し，公衆衛生を守ろうとする。

以下，このような事例を念頭に置いて検討しよう。なお，事例8-2のような食中毒事案で，営業許可取消しにまで至るのは例外的な場合であろう。もしかすると，通常は1週間程度の営業停止（食品衛生法60条1項）にしかならない事案のところ，数軒離れたところで昔から食堂を営むCが「Aのレストランのせいで売上げが下がった」としてAへの妨害の機会をうかがっており，食中毒をきっかけに，有力な県議会議員Dに頼んで，重い処分を科すようB県に強い圧力をかけたことから，営業許可を取り消そうとしているのかもしれない[2]。もちろん，多くの公務員は法令を遵守しなが

---

2) なお，処分基準の一例として，豊島区食品衛生関係不利益処分取扱要綱第5条および別表1を見ると，食品衛生法6条違反で事故が発生した場合には「7日以上30日未満」の営業等の停止とされており，営業許可の取消しについては同要綱第7条で「営業を継続することが食品衛生上極めて危険であり，かつ，社会公共に及ぼす影響が

ら真面目に業務を遂行しているが（法律による行政の原理，(2)参照），決して無謬(むびゅう)（誤りがゼロ）ではない。

(2) 基礎理論

行政活動は議会（国会）の制定した法律に基づき，法律に従って行う。これが法律による行政の原理である。法律は，国民を代表する国会議員が集まった国会によって成立したのであるから，これに拘束されるということは，（例えば，事例8-2で営業許可取消処分等のいわゆる不利益処分をされることも，その判断が食品衛生法等の関係法令に従ったものであれば）ある意味では国民が選択した結果といえる。なお，どのような範囲で法律の根拠が必要かは議論があり，例えば国民の権利義務を侵害する場合に限定する（侵害留保説）といった見解は有力であるが，それに対する批判も強い（(3)参照）。

各種行政活動の根拠となる行政法の法源としては，憲法，法律，政省令，条例等が挙げられる。法律は国会で可決成立した後，官報（現在はデジタル官報。官報の発行に関する法律参照）で公布されるが，例えば1年半後に施行するなどとして，施行まで時間をおき，その間に施行の準備を完了させることも少なくない[3]。

一般原則としては，信義則，権利濫用禁止，比例原則，平等原則，透明性，説明責任等が重要である。信義則や権利濫用は民法に規定があるが（第1章3(5)(b)参照），これは行政法においても適用される。とはいえ，「法律の内容（例えば許可要件）と違う内容を公務員が私人に説明したので，私人がこれを信頼した（例えば許可要件を満たさないレストランを高いお金を払って建設した）」という場合に，信頼を

大きい場合」という例外的場合に限って行うとしている。
3) 筆者も，ある自治体から個人情報保護法の施行に備えて，その実施条例を策定することに関する支援を依頼された経験があり，なんとか施行に間に合わせることができた。

そのまま保護する（例えば法律の要件を満たさないのに，許可を与える）のが適切か，というような行政法特有の問題はあるだろう。

あまり民法では論じられないが，目的（措置の必要性）と手段（措置の内容）に比例（釣り合い）を要求する一般原則が比例原則である。例えば，公衆衛生の確保という目的のため，営業停止3日で足りるのに，営業許可取消しという過度な対応をすることは，目的と手段の釣り合いが取れていないとして比例原則違反の可能性もある。

(3) 法的仕組み（行政活動の分類）

行政目的や実現手法の観点から，①規制行政，②給付行政，③調達行政，④誘導行政といった行政活動の分類（法的仕組み）が提唱されている。

①規制行政は，食品衛生法の営業規制のように，私人の権利・自由に対して制限を加える行政活動であり，それ自体が直接に公益の実現に寄与するものである。例えば，食品衛生法55条の定める許可制は，ある種の国民の活動を一般的に禁止した上で，国民からの申請に基づき審査を行い，一定の要件に合致する場合，禁止を個別具体的に解除する法的仕組みである。その他，国民の行動を禁止はしないものの，国民がある行動をとる前後に，行政機関への届出を義務付ける届出制を採用して，情報収集を行う法的仕組みもある。

②給付行政は，補助金や生活保護等，給付それ自体を目的に，財，役務，情報等を給付するものである。法律による行政といっても，補助金等の給付は国民にメリットがあるだけであるから，法律に基づかなくてよいという考え（侵害留保説，(2)参照）により，要綱という行政の内部的文書に基づき給付されることもある。行為形式（(4)参照）として，贈与契約のような契約形式を採用するものや，行政行為（(4)参照）による場合もある。

③調達行政（行政資源取得行政）は，例えば，国または地方公共団体が，その事務を処理するために必要な資金，土地等を取得することを目的とするものである。租税，公用収用等，相手が嫌がっても強権的に調達する場合だけではなく，売買契約等の契約に基づき調達することも多い。

④誘導行政は，私人の活動に対する規制，給付その他の方法を通じて間接的に行政の望む方向に私人を誘導することを目的とするものである。ここでは誘導のためにいかにインセンティブを与えるか（動機付け）を考えている。例えば，私人が，行政が望む方法に進む場合に金銭的インセンティブを与える補助金制度が考えられる。レストランがIT化することが望ましければ，IT化のための費用の一部を補助金として給付し，その金銭的インセンティブでIT化を進めることがあり得る。逆に，税負担，課徴金等で逆のインセンティブを与えることもできる。例えば，環境負荷が高い製品に税金を重く課す，一定以上の環境負荷を与えるならそれを超えた部分に課徴金を課すなどである。ただ，金銭だけが動機付けではなく，情報によるインセンティブがあり，例えば環境に優しいと認定した製品にエコマークを付すこともできる。また，情報による逆のインセンティブとして，例えば重大事故や食中毒を発生させた企業名や商品名を公表するといったやり方がある。

(4) 行為形式

上記（(3)参照）で述べたマクロでの行政活動は，ミクロでは個々の公務員による具体的な対応の集積によって実現される。このような個々の対応の形式は行為形式と呼ばれる[4]。

---

4) 宇賀克也『行政法概説Ⅰ 行政法総論〔第8版〕』（有斐閣，2023年）345頁以下。

(a) 行政計画

行政計画は一定の目的・目標の達成に向けた取組みや手段を記載した行政活動の方針や基準を指す。例えば，どの都市をどのように形作っていくのかは重要である。無秩序に開発が進むと，工場の隣に住宅地が広がり，環境問題で紛争が生じる等の問題が生じる。だからこそ，都市計画を作り，「ここは市街地として開発する」「ここは開発しない」などと決定したり，「ここは住宅地，ここは商業地」などとそれぞれの地域の性質を定めたりすることが重要となる。

(b) 行政行為

行政行為は，直接具体的に国民の権利利益に影響する行政作用の行為形式の代表的なものである[5]。行政行為のポイントは，法令に基づく行政の一方的行為で法効果が発生するということである。民法の章で，両当事者が売る・買うという意思表示をしてそれが合致すると契約が成立し，そこから法的効果（売買契約に基づく代金支払請求権，目的物引渡請求権等）が発生するということを学んだ（第2章2(2)参照）。しかし，例えば事例8-1では，許可処分という一方的な行政の行為によって，営業の禁止が解除されるという国民の権利利益への直接の影響が生じている（許可制，(3)参照）。なお，行政法学では行政行為という言葉が用いられているが，行政法の条文では「（行政）処分」等という表現が用いられることも多い[6]。

---

5) 同上 360 頁。
6) 「行政行為」と「（行政）処分」との関係につき，同上 365 頁の以下の説明を参照のこと。「ドイツとは異なり，わが国では，行政行為という言葉は学問上のものであって，法令でこの言葉が使用されているわけではない。法令においては，ほぼこれに相当する概念として，「行政処分」という用語が使われている（地方自治法 242 条の 2 第 1 項 2 号，民事執行法 193 条 1 項，銀行法 49 条 1 項 5 号，金融庁設置法 20 条 1 項等）。また，単に「処分」という言葉が使用されている場合もある（行政手続法 2 条 2 号，行政不服審査法 2 条 1 項，行政事件訴訟法 3 条 2 項等）。処分という言葉は，法律行為である行政行

(c) 行政契約

行政契約は，行政と私人（行政と行政のこともある）という当事者の意思の合致により成立する契約である。例えば，市民に対する給付金を贈与契約として位置付けたり，売買契約に基づき官公庁で利用する物品を調達したりすることがある。必ずしも法律の根拠は必要ないが，契約という形式を取れば行政が何でも好きなことをしてよいというわけではなく，法令（会計法，地方自治法等）や上記の行政法の基礎理論（例えば平等原則等）に従う必要がある。

(d) 行政指導

行政指導は「行政機関がその任務又は所掌事務の範囲内において一定の行政目的を実現するため特定の者に一定の作為又は不作為を求める指導，勧告，助言その他の行為であって処分に該当しない[7]もの」（行政手続法2条6号）である。例えば，事例8-2ではDの意向を踏まえたB県側が「食中毒を起こしたこともあり，自主的に廃業したらどうか」という行政指導をしたところ，Aがそれに従わないので，許可取消処分をしようとしているのかもしれない。行政指導は法律の根拠が不要なため，臨機応変に公益実現のために発することができ，便利ではある。しかし，不透明で恣意的になりがちである。また，行政指導が，一般に取消訴訟等をもって対抗できないとされることから，救済が困難と批判されたこともある（そこで，後述〔(6)参照〕の行政指導に対する行政手続法上の規律が注目される）。

為のみでなく，一定の事実行為も含む。また，行政不服審査法や行政事件訴訟法にいう処分は，行政上の不服申立てや抗告訴訟の対象を画する概念であるので，行政基準や行政計画等であっても，処分として取り扱われる場合がある。したがって，行政行為概念と処分概念は完全に一致するわけではない」。

7) つまり，法的拘束力のない事実行為に過ぎないということである。宇賀・前掲注4）460頁および行政手続法32条1項参照。

履行確保の手段

義務（およびその違反）が存在	強制	強制執行（代執行，直接強制，間接強制，強制徴収等）
	制裁	行政刑罰，過料，加算税，課徴金等
義務不存在	即時強制	警察官による保護，犯罪の制止等

(5) 履行確保

民事訴訟で勝訴した場合には，民事執行法に基づいて，例えば被告の財産をオークションで売りさばいて（競売），そこからお金を回収することができる。つまり，履行確保のためには裁判所の協力を得ることが必要となる（第5章3(5)参照）。しかし，行政は行政上の義務の履行を実現するために，裁判所に訴えることなく，私人に対し自ら強制執行を行うことができる場合がある。

基本的には，義務違反がある場合について，履行を確保するために，①強制執行（義務履行強制）という強制と，②義務違反に対する制裁という制裁があり，義務がない場合には③即時強制という強制がある（義務がなければ違反への制裁はない）。

①強制執行には，代執行（行政代執行法）という，行政が義務者の代わりに義務を履行して費用を取り立てるもの（例えば違法建築物の持ち主の代わりにその建築物を取り壊し，取壊し費用を持ち主に請求する），直接強制（立入りを禁止して，立ち入った者を追い出す等），間接強制（執行罰。期限内に義務が履行されなければ過料を課すと予告し，期限までに義務が履行されなければ過料を徴収），強制徴収（財産を差し押さえ，換価し，行政を含む債権者に配当する）等がある。

②義務違反に対する制裁には行政刑罰（例えば食品衛生法81条1項3号「第60条（中略）の規定による処分に違反して営業を行」えば，3年以下の拘禁刑または300万円以下の罰金に処せられる），過料（刑罰の

「科料」ではない。第3章4(5)参照），加算税，課徴金等がある。

③即時強制は，警察官による保護，犯罪の制止等（警察官職務執行法3条以下），相手方の義務を前提とせず，行政機関が相手方の身体や財産に直接実力を行使して望ましい状態を実現するものである。

(6) 行政手続

行政の行う処分その他の行為は手続上も適正でなければならないところ，行政手続法が行政手続を規律する。

申請（事例8-1でいうAによるレストランの営業許可に関する申請）に対する処分（事例8-1の営業許可）に関する主な規律として，審査基準を定め（5条1項），審査基準を公にする（5条3項），標準処理期間を定めて公にする（6条），遅滞なく申請の審査を開始し（7条），処分の理由を示す（8条）等がある。

不利益処分（事例8-2の営業許可の取消し）に関する主な規律として，具体的処分基準を定め，かつ，これを公にする（12条），聴聞等の言い分を聞く手続（13条），理由の提示（14条）等がある。

行政指導に関する主な規律として，任務・所掌事務の範囲を逸脱せず，任意の協力によってのみ実現されるものであることに留意（32条1項）し，相手方が行政指導に従わなかったことを理由として，不利益な取扱いをしてはならず（32条2項），行政指導の趣旨および内容ならびに責任者を明確に示す（35条）等が挙げられる。なお，相手方は，行政指導が法律に規定する要件に適合しないと思料するときは，行政指導の中止を求めることができる（36条の2）。

(7) 行政を味方につける

実務上，「行政を味方につける」ことが極めて重要である。

事例8-2の場合において，B県が一度許可を取り消してから裁判所で争うのはAにとってとても負担が大きい。それは，法令が行政に「裁量」つまり「行政が自由に判断できる余地」を与えている場合が多いからである（2参照）。つまり，典型的には国会が法律において「この範囲では行政が判断することができる」と認めていることから，裁判所が「不適切・不当な判断で，自分ならそうしない」と考えたとしても，裁判所はそれを違法といえず，行政の判断を尊重せざるを得ない（4(4)参照）。逆に，行政に裁量がない場合，裁判所が全て行政の立場に立って「もし自分ならこうする」と判断することになる。2つの事例（(1)参照）で問題となる食品衛生法においては，立法者が，同法に関する判断は公衆衛生に関する専門技術的判断なので専門性のある行政に任せよう，と意図している。そこで，裁量を認めること自体には一定以上の合理性がある。

だからこそ，Aの側としては，行政が一度正式に判断をしてしまう前に，自己に有利な判断をすべきことを行政に説明し，それをもとに判断をしてもらうことが重要である。

4　行政救済法

(1) 裁判手続を利用した場合に勝訴できるか

弁護士が依頼者から具体的なトラブル事案の相談をされた際，依頼者から「（訴訟を提起した場合に）勝てますか？」と尋ねられることが多い。弁護士は弁護士倫理上，勝訴を請け負ってはならない。しかし，見通しをできるだけ正確に説明することは依頼者の正しい意思決定にとって必要であるし，その結果として，勝ち目のある案件を受任することにつながる。また，企業の法務部門においても，社内で「行政に不当な対応をされて困っている」という相談があった場合には，まず行政との交渉を検討することにはなるだろう。し

かし，それがうまくいかない場合には訴訟を検討せざるを得ないところ，そのような場合に勝訴できるかを知ることは，行政との交渉における姿勢にも影響することから，重要性が高い。

民事訴訟法の説明の中で，①訴え却下（実質審理の要件を満たさない，門前払い），②請求棄却（確かに実質審理できるが，その結果請求は認めない），③請求認容（実質審理し請求を認める）の３種類があると述べた（第５章３(2)(d)参照）。当該事案において③になる可能性が相当以上あると説明できなければ，通常は行政訴訟を行う，という判断にはならないだろう。

そこで，まずは，次の訴訟選択論で述べる訴訟類型のどれを選ぶかを検討する（訴訟選択）。この点は後述（(2)参照）するとおり，例えば，事例８-１であれば，なかなか許可処分をしてもらえないとして不作為の違法確認の訴えや義務付け訴訟が考えられ，また不許可処分を受けた後には取消訴訟や義務付け訴訟が考えられる。これに対し，事例８-２であれば，まだ処分を受けてないならば差止めの訴え，処分を受けたら取消訴訟が考えられる。

訴えの類型が明らかになれば，自ずとそれぞれの類型ごとに必要な訴訟要件が明らかになる。そこで，当該案件の具体的な証拠関係に基づき，訴訟要件が満たされる可能性が高いのかを分析する。訴訟要件が満たされなければ訴えは却下される。

訴訟要件が満たされても，裁判所に行政処分が違法だと判断してもらえないと請求認容とはならない（請求棄却）。その場合には，裁量があり，行政がその与えられた裁量を逸脱・濫用していなければ不当な処分でも敗訴してしまう。後述するとおり（(4)参照），例えばその処分について行政に裁量が与えられていない（羈束処分）という主張が認められ，行政法の定める要件について行政が誤っていると判断されたり，仮に行政に裁量があってもその裁量を逸脱しまたは濫用したといえたりするのならば，請求が認容される可能性がある。

(2) 訴訟選択論

行政訴訟については，国家賠償法に基づく国家賠償請求訴訟という金銭賠償を求める訴訟に加え，行政事件訴訟法における訴訟類型として，まずは以下の5種類を押さえておこう[8]。このうちのどれが適切かを判別し，選択しなければならない。

（行政事件訴訟法における）主な行政訴訟の類型

抗告訴訟	取消訴訟
	差止訴訟
	義務付け訴訟
	不作為の違法確認訴訟
非抗告訴訟	（実質的）当事者訴訟

基本的には，「処分性の有無」と「事前・事後」でどの形式の訴訟を選択するかが分かれる。

上記表で抗告訴訟[9]に分類される4類型は，いずれも訴訟の対象が処分としての性質（処分性，行政事件訴訟法3条2項参照）を持つことを前提とする。この点は，上述の (3)(4)参照) 行政行為と関係が深い。行政行為は基本的には処分である。しかし，処分性は，行政の行為形式の問題ではなく，どの範囲を抗告訴訟の審理の対象とするかの話であることから，行政計画，条例や勧告等もその一部は例外的に処分性が認められることがある。処分性がなければ（実質的）当事者訴訟という，民事訴訟と類似する手続を利用する。

処分性がある場合における上記の4種類の主な抗告訴訟の使い分けは，その処分がされる前なのか，後なのかによる。

処分後は典型的には取消訴訟となる。つまり，自己に不利な処分

---

8) 「無効等確認」等のここに挙げていない類型は別途学んでほしい。
9) 行政庁の公権力の行使に関する不服の訴訟をいう（行政事件訴訟法3条1項）。

処分後の訴訟選択

	自己に不利な処分等の効果を否定したい場合	自己に有利な処分等を求めたい場合
処分性あり	取消訴訟	取消訴訟＋義務付け訴訟
処分性なし	（実質的）当事者訴訟	

処分前の訴訟選択

	自己に不利な処分等を防止したい場合	自己に有利な処分等を求めたい場合
処分性あり	差止訴訟	不作為の違法確認訴訟＋義務付け訴訟
処分性なし	（実質的）当事者訴訟	

を取り消すということである（典型的には事例 8-2 の営業許可取消処分に対する取消訴訟）。ただ，例えば事例 8-1 のように，許可申請したら「不許可処分」を受けたという場合において，単に不許可処分を取り消しただけでは意味がなく，許可を義務付ける，義務付け訴訟をも併せて提起する必要があると判断されることもあるだろう。

処分前は自己に不利な処分であれば差止訴訟を提起することになる。自己が求める処分がなかなかなされない場合，処分をしないことが違法だとして不作為の違法確認を提起することはできる。しかし，それだけでは単に「何らかの」処分をすることが義務付けられるだけで「自己が求める処分」を義務付けることができない。そこで，例えば許可処分を義務付ける，義務付け訴訟をも併せて提起する必要があると判断されることもあるだろう。

以上に加え，執行停止（25条），仮の義務付け・仮の差止め（37条の5）等，仮の救済手続も利用可能である。

(3) 訴訟要件論

訴訟要件は本案審理の要件である。つまり，「門前払い」をされないための要件である。

例えば，処分性が訴訟要件であるということの意味は，抗告訴訟，例えば取消訴訟を提起しても，対象となるものが行政処分でなければその手続にはのらないということである。

取消訴訟では，処分性に加え，原告適格（行政事件訴訟法9条）が重要な問題となる。他の類型の抗告訴訟でも，処分性や原告適格は問題となるものの，例えば差止訴訟であれば，処分の特定性，蓋然性，重大な損害，補充性等，それぞれの訴訟類型特有の訴訟要件が存在するので，専門課程で勉強していこう。

(4) 本案論

上記訴訟選択論，訴訟要件論は，あくまでも，本案審理をしてもらうため，適切な訴訟類型を選択し，その訴訟類型における本案審理の要件を充足させるという，いわば前提の話に過ぎない。依頼者が一番関心を持っているのは勝訴できるか（請求が認容されるか）であるところ，これが本案論である。そして，本案論は，取消訴訟であれば当該処分の違法性が問題となるところ，ある処分が違法とされるかは裁量の有無によって異なる。

まずは行政に裁量がない場合（羈束処分）[10]，つまり要件効果が条文の解釈によって明らかになる場合には，当該条文を正しく解釈し，証拠により認定された事実が当該要件を満たす／満たさない（よって行政の判断は誤っており，当該処分が違法である）という点を説得的に論じることになる。裁判所を説得できれば，基本的には請求

---

10) 行政行為は，法律が行政庁に裁量を認めていない羈束行為と，裁量を認めている裁量行為に大別される。法令用語研究会編『有斐閣法律用語辞典〔第5版〕』（有斐閣，2020年）187頁，461頁参照。

認容判決が下される。

次が裁量のある場合である。上記（3(7)参照）のとおり行政に裁量があれば，単に処分が不当だったり，裁判官が「自分ならそうしない」と思ったりしたとしても，原告の請求を認容することはできない（例えば，事例8-2において，処分を取り消すことができない）。そこで，請求が認容されるためには，裁量逸脱・濫用までを主張し，その主張が認められなければならない（行政事件訴訟法30条）。

5 事例問題の検討手順

行政法総論であれば，具体的な法令とそれに基づく法的仕組みが与えられて，特定の行政の活動について法令違反等が存在するかが問われることがある。また，行政救済法であれば，訴訟選択論，訴訟要件論等が問われることがある。司法試験では，その双方を結合させて，具体的に問題がありそうな行政活動を示した上で，当事者としてどのような手法でこれに対抗すべきか，訴訟選択論，訴訟要件論および本案論（4(2)～(4)参照）等を展開することが求められる。

6 行政法の実務とのつながり

(1) 企業の非法務担当者の業務とのつながり

第3章で独占禁止法や金融商品取引法等を例にとって述べたとおり，企業活動に伴う様々な業務上のルールは（多くの場合，刑事罰によっても担保される）行政法のルールに基づいている以上，法務担当でなくとも，行政法の理解は必須である。

(2) 企業の法務担当者の業務とのつながり

このような企業実務における行政法の重要性から，法務担当者は

行政法に関する質問対応や法令遵守の支援等を行うことに加え，行政が行政法違反を疑って調査を行う場合等に，必要に応じて顧問弁護士等と協力しながら，行政対応を行う[11]。

(3) 公務員の業務とのつながり

公務員となれば，日常業務が法律の執行（適用）となる。また，その法律の改正や新法制定等の政策形成にも関与することがある。公務員試験における行政法の重要性はいうまでもない。

(4) 弁護士・法曹の業務とのつながり

上記のとおり企業実務においては様々な行政法のルールが関係することから，弁護士としては行政法コンプライアンスのための相談，意見書作成等の対応に加え，行政と交渉し，必要に応じて行政訴訟を行う業務がある。なお，個人との関係でも，生活保護申請等，行政法上の権利行使を支援することがある。

また，弁護士は自治体顧問や審議会・委員会の委員に就任して，行政へのアドバイス等を行うこともある。

さらには公共政策法務といって政策形成に関与する業務等を行う弁護士も存在する。

検察官は，行政法違反に基づく刑事事件の捜査・訴追にあたって行政法の理解が必須である。また，裁判官は，行政事件や，行政法に関する刑事事件を審理・判断する。

(5) その他の実務とのつながり

行政法が特に重要な業種，例えば，不動産業界であれば宅建士，薬局であれば薬剤師・登録販売者等といった資格が必要な場合があ

---

[11] 法務の行政対応につき松尾・キャリアデザイン106頁以下参照。

り，それらの資格試験においては，行政法（当該業種において適用される宅建業法，薬機法等の具体的な行政法令）の知識が必要である。

Column　抽象から具体へ，具体から抽象へ

　行政法がわかりにくいという人の悩みは，抽象的な議論が多く，具体的なイメージがつかみにくい・全体像が見えないということかもしれない。

　このような悩みを持っている人は，ぜひ，具体的な場面を考えてみよう。例えば，「レストランの開店」といった具体的なシチュエーションを想定し，関連する法令（食品衛生法等）がどのようなルールを定めているかを見てほしい。例えば，飲食店営業許可を得なければならないこと，そのためには申請書を提出しなければならないこと，資格を持った食品衛生責任者を置くことが必要であることなどがわかるだろう。

　その上で，行政法の議論における位置付けを確認する。例えば，許可制（3(3)参照），申請に対する処分（3(6)参照）および許可の要件（2・4(4)参照）等の制度との関係が浮かび上がってくるだろう。

　これは行政法についての1つの例だが，行政法以外の分野についても，このような抽象と具体の行き来が理解の助けになるだろう。

おわりに

　本書出版にあたっては，多くの方のご協力があった。

　とりわけ，第2章から第8章までにつき，それぞれ以下の先生方にご意見を頂戴した（以下は2025年3月時点の肩書きである）。

　山下純司　学習院大学教授（第2章）

　深町晋也　立教大学教授（第3章）

　村山健太郎　学習院大学教授（第4章）

　長谷部由起子　学習院大学教授（第5章）

　斎藤　司　龍谷大学教授（第6章）

　小塚荘一郎　学習院大学教授（第7章）

　巽　智彦　東京大学准教授（第8章）

　心より感謝している。もっとも，本書の誤りは全て筆者の責任である。

　また，学習院大学法学部には，2024年4月から筆者をキャリア担当特別客員教授としていただき，本書の元となる授業（キャリア・ファウンデーション：法学入門）の開講を認めていただいた。本書は，2024年度の授業レジュメを大幅に加筆してできたものである。その際には学生からの貴重なフィードバックがあった。学生のみなさまにも感謝している。

　そして，有斐閣の藤本依子様および笹倉武宏様には多大なるご協力をいただいた。心より感謝している。

索引

あ行

悪　意……………………11
当てはめ…5, 34, 36, 48, 55, 57, 93
違憲審査基準……122
違憲審査権……134
意思能力……………76
泉佐野市民会館事件
　…………127, 136
一行問題……………38
一般条項……………55
一般法………………54
委　任………………88
違法収集証拠排除法則……173
違法性………107, 109
因果関係……………82
請　負………………88
疑わしきは被告人の利益に……176
訴えの取下げ……161
AI……………15, 53
M&A………………85
冤　罪……………167
横領罪……………104

か行

会社債権者………194
会社法……………185
解　除…………83, 86
拡張解釈……………48
確認訴訟…………161
学問の自由………128
過　失………………93
過失犯………102, 106
括弧書………………52
株　式……………187
株式買取請求権…194
株式譲渡自由の原則
　………………191
株　主………187, 192
株主総会……187, 193
株主代表訴訟……193
株主提案権………193
株主有限責任の原則
　…………187, 194
監査役……………189
慣習法………………42
間接強制…………209
議院内閣制………133
期　間………………77
毀棄罪……………104
企業法務…66, 94, 113, 138, 164, 182, 196, 216
危険負担……………86
規制行政…………205
覊束処分…………215
起訴便宜主義……179
基礎法学……………2
起訴猶予…………179
規　範……5, 34, 37, 45, 48, 55, 93
既判力……………160
義務付け訴訟……212, 214
キャリア………6, 62

給付行政…………205
給付訴訟…………161
糺問主義…………170
教育を受ける権利
　…………………130
教科書……………140
強行規定……………74
強　制………………46
行政救済法…201, 211
行政計画…………207
行政刑罰…………209
行政契約…………208
行政権……………132
行政行為…………207
行政事件訴訟法…213
強制執行…………209
行政指導……208, 210
行政処分…………207
強制処分法定主義
　…………………171
行政組織法………201
行政訴訟…………213
行政代執行法……209
強制徴収…………209
行政手続…………210
行政法……………200
共同訴訟…………154
共　犯……………108
緊急逮捕…………177
経営判断原則……190
経済的自由権……129
刑事訴訟法…141, 167
刑事弁護…………113
刑事法………………42

索引　*221*

形成訴訟 …………161
競　売 …145, 162, 209
軽犯罪法 …………105
刑　法……………98
刑法各論 …………100
刑法総論 …………105
契約自由の原則……74, 85
契約書 ………145, 148
契約書雛形…………95
契約審査 …………94
契約総則……………85
契約不適合 …83, 87
結果的加重犯 ……102
結果犯 ……………106
結果無価値 ………107
現行犯逮捕 ………177
原告適格 …………215
検索の抗弁…………84
検察官………66, 169
検　証 ……………179
原状回復義務………86
憲　法……41, 116, 170
権利能力……………76
権利濫用条項………55
故意犯 ………102, 106
項……………………51
号……………………51
行為規範……………45
行為能力……………76
行為無価値 ………107
公　益 ……………202
効　果………………44
公開会社 …………186
公共政策法務……114, 139
拘禁刑………………46

抗告訴訟 …………213
公序良俗 …75, 77, 124
構成要件 ……106, 109
公訴の提起 ………179
強盗罪 ……………104
口頭主義 …………156
公　判 ……………180
幸福追求権 ………124
交付罪 ……………104
公　平………………24
公　法………………42
公務員……67, 95, 113, 138, 165, 183, 197, 217
拷　問 ……………168
勾　留 ……………178
国政調査権 ………133
告　訴 ……………177
告　発 ……………177
個人の尊重 ………119
国　会 ……………132
国家賠償法……95, 213

さ 行

罪刑法定主義…43, 54, 99
債権者代位権………82
債権者平等の原則…80
債権譲渡……………84
債権総則……………81
債権の消滅…………85
催　告………………86
催告の抗弁…………84
財産権 ……………129
財産犯 ……………102
裁判官………………65
裁判規範……………45

裁判所 ……………134
裁判傍聴 …………165
裁判例………………59
債務不履行…………82
裁量権 ………202, 211
先取特権……………80
差押え ……………179
差止訴訟 …212, 214
殺人罪 ……………101
殺人未遂罪 ………110
差　別 ……………121
三審制 ……………160
三段階審査 ………123
三段階犯罪論 ……105
時機に後れた攻撃防御方法 …………157
試　験………………33
時　効………………77
私人間効力（憲法の）……………124
思想・良心の自由……………128
示　談 ………142, 144
質　権………………80
実況見分 …………179
執行手続 ……145, 161
執行罰 ……………209
実体法 ……………141
実定法学 ……………2
私的自治の原則……74
自　白 ……………157
自白法則 …………175
私　法………………42
司法警察職員 ……169
司法権 ……………134
資本多数決 …187, 193
事務管理……………90

社会権 …………130
社外取締役 ………189
弱者保護…………24
借地借家法………87
釈　明 …………158
集会・結社の自由
　…………126, 135
自由権 …………130
縮小解釈…………48
主張書面 ………155
主張責任 ………157
出　資 …………187
取得時効…………77
準委任……………88
準備書面 ………155
条…………………51
照　会 ………149, 179
傷害罪 …………102
証拠調べ………159, 180
証拠保全 ………149
上場企業 ………186
少数株主権 ……193
証人尋問 ……155, 180
消費者法 …………7
条文の読み方……50
証明責任 ………147
消滅時効…………77
所有権絶対の原則…74
条　理……………43
職業選択の自由 …129
食品衛生法 ……201
職務質問 ………177
職権主義 ………170
職権証拠調べの禁止
　………………158
職権探知主義 …157
初日不算入の原則…77

処　分 …………207
処分権主義 ………152
処分性 …………213
所有権……………79
所有と経営の分離
　………………188
事例問題…………34
人格権……………81
信義則条項………55
信教の自由 ……128
人　権 ………116, 119
心神喪失 ………107
親族法……………90
尋　問 …………159
信頼の原則 ……191
推　敲……………32
ステークホルダー
　………………185
請求の認諾 ……161
請求の放棄 ……161
政教分離原則 ……128
精神的自由権 ……126
製造物責任法………89
生存権 …………130
制定法……………41
制度趣旨…………24
生命・身体に対する
　犯罪 …………101
責　任 ………107, 109
責任主義 ………100
積極国家 ………130
窃盗罪 …………103
善　意 ……8, 11, 18
善管注意義務…88, 192
占有権……………78
訴因変更 ………181
捜　査 …………177

捜査機関 …………170
捜　索 …………179
相続法……………90
送　達 ………142, 144
送　致 …………178
双務契約…………85
贈　与……………86
遡求処罰の禁止…100
即時強制 ………209
即時取得…………92
訴　状 …142, 144, 150
訴訟係属 ………153
訴訟指揮権 ……158
訴訟選択論 ……213
訴訟提起 ………150
訴訟要件……153, 212, 215
損害賠償…………82

た 行

対抗要件 ……64, 78
代執行 …………209
代表民主制 ……132
逮　捕 …………177
ただし書 ………20, 51
奪取罪 …………103
弾劾主義 ………170
担保物権…………80
地上権 …………79, 87
ChatGPT …………30
調達行政 ………206
聴　聞 …………210
直接強制 ………209
賃貸借……………87
定型約款…………86
抵当権……………80
手続法 …………141

索 引 *223*

典型契約…………86
伝聞法則 ………174
答案構成…………35
投下資本の回収 …191
登 記……………64
動 産……………76
当事者主義 ………170
当事者訴訟 ………213
当事者能力 ………154
盗取罪 …………104
同時履行 ……74, 85
統 治 ……………130
道 徳 ……………121
答弁書 …………155
特別決議（株主総会
 の）……………194
特別法……54, 105, 110
取消訴訟 ……212, 213
取締役 ………188, 192
 ―の責任 ………194
取引（の）安全……14, 24

な 行

内 閣 ……………132
内閣提出法案………47
内閣不信任決議 …133
内部通報制度 ……196
内部統制 ………190
任意規定 ……74, 95
任意捜査 ………171

は 行

賠償額の予定………82
背任罪 …………104
売買契約……21, 23, 44, 63, 72, 87, 142, 144, 145
袴田事件 ………167
柱 書……………51
判 決 …………159
判決宣告 ………180
反 訴 …………154
反対尋問 ……159, 174
パンデクテン（体系）
 ……………21, 23, 73
判 例 ………43, 58
 ―の読み方………61
判例法……………43
被疑者 …………169
非公開会社 ………186
被 告……………12
被告人……………12, 169
被告人質問 ………180
非嫡出子 ………121
一株一議決権 ……187
表現の自由 …121, 125
平等権 ………121, 125
比例原則 ……123, 205
不完全履行………82
復習………………26
物 権 ……………78
不動産……………76
不当利得……………89
不法行為……………89
不法領得の意思 …103
プライバシー………81
不利益処分 ………210
ブレインテック …128
ブレスト …………32
紛争解決……………64
勉強の仕方………26
弁護士……63, 96, 113, 139, 165, 183, 198, 217
弁護人 …………170
弁 済……………85
弁論主義 ………157
弁論準備手続 ……156
弁論手続 ………180
法………………41
 ―と強制………46
法 益 …………101
法益保護主義………99
法解釈……………6, 48
法解釈学 …………2
法 学 ……………41
方式自由の原則……85
法人格否認の法理
 ……………195
法制執務用語………51
法 曹……62, 96, 113, 139, 165, 183, 198, 217
法廷傍聴 ………165
法定利率…………81
法的三段論法……5, 34, 55
冒頭手続 ………180
法 律 ………42, 47
 ―による行政の原
 理 ……………201
法律行為…………77
法律書 ………115, 140
法律用語…………11
法 令 ……………42
補強法則 ………175
保 証……………83
本 文……………51

ま行

未遂犯 …………108
民事執行 ……145, 162
民事訴訟法 ………141
民事法……………42
民事保全手続 ……144
民法……………70
民法総則……………76
無罪推定 …………176
名誉権…………81, 125
黙秘権 …………176
物………………76
文言解釈……………48
問題提起……34, 37, 55, 93

や行

薬事法判決 ………129

有償契約……………87
誘導行政 …………206
用益物権……………79
要件・効果…………44
予 習……………26

ら・わ行

利益原則 …………176
リーガルテック……53, 114
リーガルマインド…17
履行遅滞……………82
履行不能……………82
リサーチクエスチョン……………29
リスク管理 ……63, 94
利 息……………81
立法論………………53
留置権………………80

領 置 …………178
領得罪 …………103
両罰規定 …………109
類推解釈………48, 100
令状主義 …………173
レポート…………28
連帯債務……………84
連帯保証……………84
労働基本権 ………130
労働法 ……………7
六法（法律）………42
六法（法令集）…19, 42, 50
論 点……………37
和 解 ………144, 160

キャリアにつながる法学のポイント

2025年4月30日　初版第1刷発行

著　者	松尾剛行
発行者	江草貞治
発行所	株式会社有斐閣
	〒101-0051 東京都千代田区神田神保町2-17
	https://www.yuhikaku.co.jp/
装　丁	高野美緒子
印　刷	株式会社理想社
製　本	大口製本印刷株式会社
装丁印刷	株式会社亨有堂印刷所

落丁・乱丁本はお取替えいたします。定価はカバーに表示してあります。
©2025, Takayuki Matsuo.
Printed in Japan ISBN 978-4-641-12659-6

本書のコピー，スキャン，デジタル化等の無断複製は著作権法上での例外を除き禁じられています。本書を代行業者等の第三者に依頼してスキャンやデジタル化することは、たとえ個人や家庭内の利用でも著作権法違反です。

[JCOPY] 本書の無断複写(コピー)は、著作権法上での例外を除き、禁じられています。複写される場合は、そのつど事前に、(一社)出版者著作権管理機構(電話03-5244-5088，ＦＡＸ03-5244-5089, e-mail:info@jcopy.or.jp)の許諾を得てください。